Wolfgang Büscher in Jerusalem: Zwei Monate hat er in der Altstadt gelebt, erst in einem arabischen Hostel am Jaffator, dann in einem griechischen Konvent aus der Kreuzritterzeit. Er war einfach da, und doch war er auf fast zweitausend Jahre alten Spuren unterwegs. Schon in den ersten Jahrhunderten nach Christus gingen Europäer nach Jerusalem, um eine Weile zu bleiben oder sogar ganz. Büscher bewegt sich durch die Räume, den Widerhall dieser zweitausend Jahre. Ein Ort, aufgeladen mit Religion, Prophetie, Politik. Früh um fünf auf dem Ölberg stehend, kann man es hören und sehen – erst die Muezzins, dann die Glocken, dann das erste Sonnenlicht auf der goldenen Kuppel des Felsendoms.

In all das taucht Büscher ein. Er hört Jerusalem zu, nimmt seine Bilder und Stimmen auf, dringt immer tiefer ein in die Geheimnisse der Stadt. Verbringt die Tage im arabischen, christlichen, jüdischen Viertel, in den halbdunklen Gassen und Souks, auf der Via Dolorosa, an der Klagemauer und in Gewölben, in denen arabische Männer Kardamomkaffee trinken und Wasserpfeife rauchen. Er läuft durchs Kidrontal, durch den Garten Gethsemane, wandert über das Dach von Jerusalem und läßt sich eine Nacht lang in der Grabeskirche einschließen. Ein Frühling in Jerusalem: eine einzigartige Reise in eine unerschöpfliche Vergangenheit, in eine faszinierende Gegenwart.

Wolfgang Büscher, geboren 1951, ist Autor der «Welt». 1998 erschien sein Buch «Drei Stunden Null», 2003 «Berlin–Moskau», 2006 «Deutschland, eine Reise», 2008 «Asiatische Absencen» und 2011 «Hartland». Wolfgang Büscher erhielt zahlreiche Preise, zuletzt den Johann-Gottfried-Seume-Literaturpreis und den Ludwig-Börne-Preis.

WOLFGANG BÜSCHER

EIN FRÜHLING IN JERUSALEM

Rowohlt Taschenbuch Verlag

Veröffentlicht im Rowohlt Taschenbuch Verlag,
Reinbek bei Hamburg, März 2016
Copyright © 2014 by Rowohlt · Berlin Verlag GmbH, Berlin
Umschlaggestaltung ZERO Werbeagentur, München,
nach einem Entwurf von Frank Ortmann
Umschlagabbildung Atlantide Phototravel/Corbis
Satz Andada PostScript (InDesign) bei
Pinkuin Satz und Datentechnik, Berlin
Druck und Bindung CPI books GmbH, Leck, Germany
ISBN 978 3 499 62881 8

INHALT

Schwarze Fahrt 9

I. DIE ERSTE ZEIT 15

Das Fenster 17
Zwei Felsen 19
Ist Jerusalem schön? 24
Charly Effendi 32
Ein Geheul in der Nacht 40
Der König des Muristan 43
Wie es sein könnte 50
Arabische Höhle 57
Der Rabe an meinem Fenster 60
Eine Zigarette 67

II. DAS OLEANDERHAUS 71

Griechisches Dorf 73
Warten auf Mrs. Nora 78
Golgatha, früh um sieben 81
Der Mönch 88
Gute alte Boheme 94
Superfreitag 103
Nora 111
Züchtigung des Grabesnarren 117
Die Nacht 122

III. STILLE KRIEGE   131

Die Siedler   133
Ada   138
Soldaten   144
Der Stachel   150
Das Auge   155
Das Flüstern der Häuser   160
Der Korb des Patriarchen   171
Arabischer Adel   182
Abend am Jaffator   187
Der Mukhtar der Siedler   190
Zünder   195
Beim Rabbi   207
Richard Wagners Beitrag
zur jüdischen Orthodoxie   216

IV. ADIEU, JERUSALEM   223

Lauter Abschiede   225
Der Effendi möchte mir
noch etwas zeigen   229
Rauch in den Kleidern   233

Dank   237

EIN FRÜHLING IN JERUSALEM

SCHWARZE FAHRT

Eine kuriose Fracht war es, die der kleine Bus hinauf nach Jerusalem fuhr, als habe ein Spötter sich das ausgedacht – zehn Fahrgäste in einem Großraumtaxi, blaß und ernst und in frommes Schwarz gekleidet fast alle, chauffiert von einem mürrischen Fahrer, der sie am Flughafen aufgelesen hatte. Dort hatten sich die Fluggäste in zwei Gruppen geteilt; die einen fuhren zum Feiern nach Tel Aviv, die anderen fuhren zum Beten nach Jerusalem. Die vorderen Plätze im Taxi nahmen drei Amerikaner ein, orthodox auf den ersten Blick mit ihren Vollbärten, schwarzen Mänteln und schwarzen Hüten, eigentlich schauten nur Hände, Lippen und Augen aus all dem Schwarz hervor. In den Händen hielten sie zerlesene Büchlein, die Augen hingen an den keilschriftartigen Zeichen darin, die Lippen lasen stumm mit.

Hinter ihnen saßen sehr aufrecht drei junge russische Nonnen, die Gesichter bleich wie Milch unter den eng gebundenen schwarzen Hauben. Das einzige Zugeständnis an ihre Weiblichkeit waren frei um die Schultern spielende Samtbänder, die dem fußlangen Schwarz ein wenig von seiner Strenge nahmen. Die Rückbank endlich teilten sich ein älteres englisches Ehepaar, ein schläfenlockiger junger Schlaks im glänzenden schwarzen Kaftan, der unentwegt telefonierte, und ich, der das alles sah.

Je mehr mein Nebenmann in sein Mobiltelefon hineinredete, einen abgenagten Knochen aus der Frühzeit dieser Technologie, desto schwerer fiel es mir, ihm nicht zuzuhören, und es lag nicht nur an seinem sanft raspelnden Bariton. Die Sprache selbst weckte meine Neugier. Vertraute Wörter blitzten darin auf, helles Treibgut im dunklen Strom seiner Rede. Was ich da aufschnappte, das waren, wenn auch sonderbar intoniert, Brocken meiner Muttersprache. «Die Eltern» fiel mehrmals, und «kein TV». Seine Eltern besäßen keinen Fernseher, das war es wohl, was er dem, mit dem er die ganze Zeit telefonierte, klarzumachen versuchte.

Kehlig kam das alles aus ihm heraus. Die «Eltern» sprach er mit breitem «Ä», das «kein» kaute er zu «kejn». Ein altmodisches, irgendwie osteuropäisch klingendes, singendes Kryptodeutsch, fremd und vertraut zugleich. Ich ahnte, was es sein mochte, aber erst als er eine Telefonnummer durchgab, war ich ganz sicher. «Fünneff – zwej – fünneff – drej – sechse – siebene – achte!»

«It's Yiddish», sagte der Engländer in mein spätes Begreifen hinein, «die Sprache der Ostjuden», und mit einer Kopfbewegung zu dem zwischen uns Sitzenden hin: «Bei denen ist sie immer noch in Gebrauch.» Dem Schlaks schien es nichts auszumachen, daß nun über ihn geredet wurde, so über ihn hinweg. Er lächelte freundlich und nickte zu allem, was wir über ihn und seine Welt sagten, die Welt der Ultraorthodoxie. Er verstand es wohl nur halb, sein Englisch war, wie sich zeigte, schwach.

Inzwischen hatte der Bus die Straße, die von der Küstenebene ins judäische Bergland hinaufführt, verlassen und erreichte nun Jerusalems westliche Vorstädte. Er fuhr aber nicht geradezu in die Stadt hinein, er brachte jeden Fahrgast bis vor seine Tür. Der Fahrer ließ keinen Umweg aus, er nahm all die Hänge und Haarnadelkurven, so schnell er konnte, erfüllt von einer grimmigen Freude, seine schwarze Fracht ordentlich zu rütteln und zu rollen. Linksherum riß er das Steuer, rechtsherum, jagte bergan und bergab, neben mir gerieten die Schläfenlocken ins Schwingen. Tief drangen wir in Jerusalems kalkweiße Vorstädte ein, steil aufragend an den Hängen wie Festungswerke.

Jetzt hielt der Bus. Und weil er auf einer Anhöhe hielt, bot sich freie Sicht weit ins Land. Ich sah, wo ich war, und erschrak. Es war aber nicht das Land, es war das Licht. Einer war über die Erde gegangen und hatte Schwefel gesät. Viel Himmel sahen wir, ganz Jerusalem sah ich daliegen, dahinter die Berge von Judäa, wieder dahinter das Land Moab jenseits des Jordantals, und alles in diesem schwefligen Unheilslicht. Es griff nach dem Verstand, nach dem Glauben, daß alles gut wird, es stach in die Gegend des Solarplexus – Innewerden eines unverzeihlichen Leichtsinns, einer Gefahr. Ich war nicht der einzige im Bus, dem so zumute war. Alle ließen von ihren leisen Gesprächen ab, sahen von ihren Büchern auf, schauten hinaus und verstummten.

Vielleicht der Chamsin, versuchte ich mich zu beruhigen, der Wind aus der Wüste, der Jerusalem immer wieder in seinen gelben Dunst hüllt und das Gemüt auch, der Idiotenwind, der einen Schweif von Verrücktheit nach sich zieht. Aber der Chamsin kam gewöhnlich im Frühling, und noch war Winter. Wenn es nicht der Chamsin war, was war es dann? Wo hatte ich dieses Licht schon einmal gesehen, diesen schwefligen Vorschein einer Gefahr? Plötzlich wußte ich es – auf Bildern. Bildern, die nichts Gutes verheißen. Es gab Maler, die dieses Licht kannten.

Noch vor einer Stunde war ich unter Menschen gewesen, die guten Mutes waren oder wenigstens so taten, die ein Zutrauen in die Welt an den Tag legten, und die Welt gab sich alle Mühe, ihnen eine vertraute zu sein – die eingespielten Flughafenriten, der gute Espresso an der Flughafenbar, die beruhigenden Ansprachen des Kabinenpersonals. Der Bus fuhr wieder an, fuhr durch Straßen und Viertel, in denen lauter Schwarzgekleidete ihrer Wege gingen. Was war das da draußen, ein Leichenbegängnis? Etwas fehlte, das Leichte, der leichte Sinn, der den Tod verlacht. Gesenkten Hauptes gingen die Leute einher, als wagten sie nicht aufzuschauen und fürchteten, etwas zu erblicken. In diesem Licht konnte ein Zeichen erscheinen, eines, das man wünschte, nie gesehen zu haben.

Als die anderen Fahrgäste ausgestiegen waren und nur noch das englische Paar und ich im Bus saßen, riß der Mann ein Blatt aus seinem Taschenkalender, schrieb ein Wort darauf und gab es mir – «Akedah». Ein wichtiges Wort, sagte er, ich möge ihm einmal nachgehen. Ich versprach, es zu googeln. Er schüttelte den Kopf. Etwas mehr Mühe würde ich mir schon geben müssen. Er sagte noch, ein Lied heiße so, geschrieben habe es ein spanischer Sepharde im 12. Jahrhundert, «und wir singen es noch immer, am Abend, bevor der Schofar geblasen wird. Sie kennen den Schofar, das Widderhorn?»

Ich nickte, es war Zeit für mich. Ich steckte das Blatt ein, zahlte den Fahrer, sprang ab, riß die Hecktür auf, die wilde Fahrt hatte alles Gepäck durcheinandergeworfen, zog meinen zerbeulten, zerschrammten blauen Koffer hervor und stand vor der Mauer, hinter der ich die nächsten Wochen und Monate verbringen würde, vor Sultan Süleymans Mauer um das dreitausendjährige Jerusalem. Den blauen Koffer in der Hand, betrat ich durchs Jaffator die Heilige Stadt.

I. DIE ERSTE ZEIT

DAS FENSTER

Sobald das Tor durchschritten war, fiel alle Beklommenheit von mir ab – gerettet. Es war nur ein altes Stadttor, eines von sieben in Jerusalems osmanischer Mauer, aber diese Mauer stand fest. Jerusalem stand fest. Ich war in festen Mauern und würde sie so bald nicht wieder verlassen.

Rasch regelte ich, was mit dem arabischen Wirt meines Hostels am Jaffator zu regeln war, schob den Koffer ins Zimmer, das er mir zuwies, die Nummer 29, eine strenge, steinerne Kammer, das Eisenbett füllte sie fast ganz aus, schloß die Tür gleich wieder zu und ging los, einem Bild nach, einer Erinnerung. Jetzt war der richtige Moment, danach zu suchen, die Stunde der Abenddämmerung, in der die Häuser erleuchtet werden und warmes Licht aus den Fenstern fällt.

Schon einmal war ich hier gewesen, um diese Abendzeit in diesen stillen Treppengassen, in denen, während hoch am Himmel der Tag in verschwenderischen Farben verglüht, schon die Nacht steht. Da hatte ich das Fenster gesehen – den erleuchteten Raum, den gedeckten Tisch. Der Anblick traf mich wie ein Schlag aufs Herz. Reglos verharrte ich vor dem Fenster und starrte hinein, bis der Gedanke mich aufschreckte, du kannst hier nicht bleiben, man wird dich sehen. Die Tür in die Wohnung hinein stand halb offen, gleich würden die, denen der Tisch bereitet war, eintreten zu ihrem Sabbatmahl.

Ich hatte mich losgerissen und war ins Dunkel zurückgetreten, aus dem ich gekommen war, aber ich ging nicht mit leeren Händen. Ich schnitt das Bild aus dem Fensterrahmen und nahm es mit, ein Dieb in der Nacht.

Viele Jahre war das her, wieder lief ich durch diese Gassen und suchte das Fenster, dachte darüber nach, was mich damals so getroffen hatte. «Der bereitete Tisch», so hieß das gestohlene Bild, darum ging es. In einer sich auflösenden Welt stand der Tisch da, wie er immer dagestanden hatte, und verweigerte die Auflösung. Jemand wollte es so, jemand hatte ihn für die Seinen festlich gedeckt, jemand hielt diese Stunde heilig, und die Welt legte sich und wurde still, wie der Wind sich legt am Abend, sie wurde heil für ein paar Minuten.

Ich nahm es mir nicht vor, und doch fand ich mich Abend für Abend, wenn die Dämmerung einsetzte, durch die Treppengassen des jüdischen Viertels über der Klagemauer streunend, auf der Suche nach etwas so Lächerlichem wie einem Fenster, an dem ich vor Jahren ein paar Sekunden lang stehengeblieben war. Einige Male ging mein Puls schneller, dann glaubte ich, es gefunden zu haben, aber jedesmal irrte ich mich und gab die Suche auf, für diesen Abend und schließlich ganz. Hier wird viel gebaut, sagte ich mir, dein Fenster gibt es nicht mehr.

ZWEI FELSEN

In einer so strahlenden Frühe erwachte ich in meinem Eisenbett, als wisse die Welt nichts von gestern und kenne kein Morgen. Dann stand ich im eiskalten Wasser, das von der Decke fiel. Nach dem Duschen nahm ich den Feger und schob die Duschwasserlache in das Loch im Steinboden, zog meine wärmsten Sachen an und die Tür von Zimmer 29 zu, beachtete die in Tabletspielen gefangene Hostelwache so wenig wie sie mich, sprang die steile Treppe hinab, zwängte mich an der Wechselstube im Eingang vorbei, hinein ins Gedränge der David Street.

Eine enge Ader des alten Jerusalem, in die nie ein Sonnenstrahl fiel, vom Jaffator her strömten unablässig Menschen herein. Ich wartete eine Lücke ab und glitt in den Strom. Darin standen die Händler wie Bären in einem fischreichen Fluß. Wie jene, mußten sie sich keine Mühe geben beim Fischen, sie sperrten einfach den Mund auf. «Hello, Sir! Shopping, Sir! Come see my shop!» Der vertraute Refrain des Basars, der vertraute Reflex stellte sich ein: Augen zu Boden, nur nicht hinsehen. Einige pfiffen nach Kundschaft. Jeden fahrlässigen Blick fingen sie ein, es würde Kraft kosten, sich wieder loszureißen. Einmal hineingelockt in einen dieser schmalen, aber oft tiefen Läden, fällt es dem Nichtorientalen in seiner skrupulösen Unbeholfenheit schwer, freizukommen, die Händler wissen das – die jahrtausendalte Basarschläue der Heiligen Stadt. Wer nach Jerusalem pilgert oder reist, der will aus Jerusalem auch etwas heimbringen, das ist immer so gewesen, darauf ist Verlaß.

Jerusalem, *made in China*. Souvenirs der religiösen, der politischen, der folkloristischen Art. Falsche Antiquitäten, vielleicht auch ein paar echte darunter. Teppiche, garantiert beduinisch, Ikonen, garantiert altrussisch, «special prize, Sir!». Die meisten Händler sind Moslems, aber natürlich führen sie alle gängigen Kippa-Sorten. Schlichte schwarze, wie fromme Juden sie tragen, und die aus schwarzem Samt für die ganz Frommen. Auch gehäkelte weiße mit Symbolen darauf nach dem weit schlechteren Geschmack der Siedler. «Dazu vielleicht ein T-Shirt, Sir, das hier mit dem Fallschirmjägerlogo? Oder lieber das mit ‹Guns N' Moses›? Katholische Meßgewänder, bitte sehr, in Rot, Grün und Weiß. Oder darf es eine schwarze Ganzkörperhülle sein, mit Sehschlitz für die Salafistengattin? Doch lieber etwas Traditionelles? Ein Kopftuch vielleicht im haschemitischen Stil, rot-weiß mit schwarzer Kordel, wie der jordanische König es trägt? Kommen Sie, Sir, ich zeige Ihnen, wie man es anlegt. Ah, Sie bevorzugen ein palästinensisches, schwarzweiß wie auf den Jassir-Arafat-Plakaten? Auch nicht, zu politisch, lieber was aus Bethlehem? Eine Krippe, aus Olivenholz geschnitzt, in jeder gewünschten Größe. Oder sind Sie Moslem, Sir? Schauen Sie – die Kaaba, in Kupfer getrieben, dazu gratis den heiligen Qur'an.»

Das alles dutzendfach, tausendfach, dicht an dicht, ein Angebot, scharf zugeschnitten auf die Segmente Pilger, Tourist. Aber auch für den durchreisenden Fanatiker ist etwas dabei, und selbst die bedauernswerteste aller Gruppen, die ganz Unmusikalischen, die an Jerusalem nur mal nippen wollten und bald merkten, daß das nicht geht – selbst solche Leute fanden hier in der David Street irgendein buntes Tuch, eine armenische Vase, ein Mitbringsel aus dem Morgenland.

Wenn ich früh durch die Gassen ging, über Steine manchmal, über die schon Römersandalen gelaufen waren, wuchtige Platten, so weich getreten von Byzantinern, Mamelukken, Kreuzfahrern, Osmanen, daß ich bei Regen auf ihnen ausglitt; wenn ich dann den Basarhändlern zusah, wie sie ihre blechernen Läden, die mitunter ihr ganzes Geschäft enthielten, aufklappten wie Schwarzmarkthändler ihre langen Mäntel, wie sie mit langen Hakenstöcken ihre Köder hochhängten, Morgen für Morgen dieselben Teppiche, Burnusse und lustigen T-Shirts, die durchsichtige Bauchtanzwäsche für das Abenteuer daheim, rot oder quietschgelb und mit falschen Goldmünzen behängt, dann hatte der Basar etwas verzweifelt Trostloses, und es wiederholte, steigerte, vervielfachte sich von Laden zu Laden.

Wie auch nicht. Jerusalem hat nichts anderes zu bieten als das, nie zu bieten gehabt. Kein Gold, kein Öl, keine seltenen Erden. Nicht einmal die Orangen und Granatäpfel, die von früh bis spät in seinen vier Vierteln – dem armenischen, christlichen, jüdischen, moslemischen – zu Saft gepreßt und zu nicht minder saftigen Preisen den Fremden gereicht werden, nicht einmal diese Früchte kommen von hier. Sie wachsen in der fruchtbaren Küstenebene unten am Mittelmeer, dem Land der Philister, das im Namen der Palästinenser fortlebt. So arm ist Jerusalem, weltlich betrachtet. Bettelarm.

Nur eines hat die Stadt zu bieten, ihre Heiligkeit für den Rest der Welt. Ein guter Ort, um das zu begreifen, war das Dach meines Hostels. Ich hatte ohnehin genug vom Trubel, und so stieg ich aus der Schattenwelt der Basargassen wieder die enge Treppe hinauf ins Hostel und die noch engere aufs Dach. Nun sah ich klarer. Hingebreitet im gleißenden Mittagslicht lag das steinerne Jerusalem, und aus dieser weißgrauen Steinlandschaft ragten zwei Hügel heraus, zwei Kuppeln, seine beiden heiligen Felsen: Golgatha und Tempelberg.

Was vom Felsen auf dem Tempelberg gesagt wird, reicht so tief wie möglich hinein in die Anfänge alttestamentarischer Erinnerung. Es ist der Fels vieler Namen. Grabhöhle Adams. Verschlußstein der Sintflut. Thronsitz Jahwes. Nabel der Welt. Und noch ein Wort gehörte hierher, der englische Sepharde hatte es mir im Taxi aufgeschrieben. Akedah, das heißt Bindung. Auf den Tempelbergfelsen dort drüben soll Abraham seinen gebundenen Sohn gelegt haben, Isaak, bereit, ihn zu opfern. Akedah – die Bindung des eigenen Sohnes mit Strikken als Bund des Vaters mit Gott, dem Gott, der ein solches Opfer nicht will und Abraham in den Arm fällt. Aber auch die Bindung des Abraham, seine Bereitschaft, so weit zu gehen.

Der Fels auf dem Tempelberg ist der alttestamentarische, der jüdische Felsen. Dort zu wohnen, mitten unter seinem erwählten Volk, hatte Gott den Juden verheißen. Auf diesem Fels bauten sie Jahwe ein irdisches Haus, den großen Tempel, den erst die Babylonier und dann endgültig die Römer zerstörten, im Jahre 70 nach Christus. Der Überlieferung nach stand das Allerheiligste im Inneren des Tempels auf dem Felsen selbst. Auf ihn legte der Hohepriester die Schaufel mit glühenden Kohlen, hier räucherte er, hier stand der Brandopferaltar, hier floß das Blut der Opfertiere. Es war der heiligste jüdische Ort der Tempelzeit.

Auf dem zweiten Fels hatte das Kreuz gestanden. Nur ein paar hundert Meter von Abrahams Opferstein entfernt – und ihm so fern wie nur möglich, das andere Ende der biblischen Parabel. Dem Abraham, der ihm den Sohn opfern will, verwehrt Gott dieses Opfer im letzten Moment. Auf Golgatha opfert er selbst seinen Sohn. Der eine Felsen antwortet dem anderen.

Von meinem Dach aus war das alles nicht zu begreifen. Es war nicht einmal zu sehen, denn zwei Kuppeln verstekken die beiden Felsen – die goldene Kuppel des Felsendoms bedeckt Adams Grab, und die graue Kuppel der Grabeskirche überwölbt Golgatha. Und um es noch komplizierter, noch magnetischer zu machen – der Fels auf dem Tempelberg ist auch ein moslemischer heiliger Ort.

Hierher, zum allerheiligsten Stein des jüdischen Tempels, sah sich ein halbes Jahrtausend nach dessen Zerstörung der Prophet Mohammed entrückt. Zum Tempelberg habe er, so glauben die Moslems, *al-Isra* angetreten, seine mystische Nachtreise von Mekka nach Jerusalem. Als sein Nachfolger, der Kalif Omar, 638 Jerusalem eroberte, fand er den jüdischen Tempelberg so vor, wie ihn die Römer hinterlassen hatten, zerstört, verwaist. Und er stieß auf die belebte Grabeskirche, denn das Jerusalem, das er einnahm, hatte bis dahin zum christlichen Reich von Byzanz gehört, es war eine weithin christliche Stadt.

Omars Nachfolger, der Kalif Abd al-Malik, mochte den Felsendom nicht so einzig und dominant stehenlassen. Er ließ Ende des 7. Jahrhunderts syrische und byzantinische Architekten einen ebenso prächtigen Dom über den Felsen auf dem Tempelberg bauen, nach dem Vorbild der Grabeskirche. Damit legte er den Grundstein für den explosivsten Ort im Jerusalem der Gegenwart – der heiligste Ort der Juden befindet sich im Innersten des ersten moslemischen Sakralbaus der Welt.

Die Nacht zog herauf, ich stieg wieder herab vom Dach und lief durch die Gassen, doch der Basar, die tägliche Zirkulation der Menge, das ganze Treiben der heiligen Stadt, das mich noch vor einer Stunde eingenommen hatte, ließ mich nun kalt. Das war nur die Schale, der harte Kern blieben die beiden Stifterfelsen, deren einen ich eben berührt hatte. Grabeskirche und Tempelberg – nichts wäre Jerusalem ohne dieses Magnetfeld. Zu allen Zeiten zog es Suchende an, solche, die Gott und solche, die Zuflucht suchten, und oft war das ein und dasselbe gewesen. Die ersten Pilger aus Europa kamen bald nach der Kreuzigung, und der Strom riß nie ab.

Jerusalem wäre nicht Jerusalem, spielte historische Zeit eine Rolle. Überall sonst auf der Welt wären solche Orte abgekühlt, wäre ihr Magnetismus längst erloschen. Nicht hier. Wie stark aufgeladen beide Felsen noch waren, ich würde es bald erfahren.

IST JERUSALEM SCHÖN?

Mein Weg zum anderen Felsen führte durch die Christian Quarter Street, die Hauptachse des Christenviertels. Hier in der Nähe der Grabeskirche werden die angebotenen Devotionalien edler und, wie ich bald erfuhr, die Angelkünste der Pilgerfischer subtiler. Einer kam auf mich zu, treuherzig abwinkend, sonor meine Skepsis beschwichtigend: «No business, Sir, just a question, nur eine Frage – Sie sprechen doch deutsch?»

Er selbst sprach ziemlich akzentfrei deutsch und bewies nebenbei sein Talent, den Vorüberströmenden ihre Nationalität anzusehen. Woran? Am Gesicht, an den Gesten, an ihrer Art, sich durch diese fremde Welt zu bewegen. Nicht so sehr an der Kleidung, fast alle Fremden trugen die gleiche Freizeitkluft. Nur die russischen Pilgerinnen erkannte man schon von weitem an ihren frommen Kopftüchern.

Der Mann beteuerte, er bitte nur um eine Sprachauskunft, eine kleine Formulierungshilfe. Sein Vater habe nämlich ein offizielles Schreiben an das deutsche Konsulat zu richten, es gehe um den Kauf von Spezialmaschinen zur Verarbeitung von Halbedelsteinen aus Idar-Oberstein. «Wir lassen unseren Schmuck in Jordanien herstellen, wissen Sie, und importieren die Maschinen dafür aus Deutschland.»

Das klang nicht unplausibel, und die Frage, die er mir stellte, nachdem er mich in seinen Laden gebeten hatte, konnte ein arabischer Geschäftsmann aus Jerusalem, der mit dem deutschen Konsulat korrespondierte, durchaus haben. Es ging um die korrekte Grußformel am Ende. «Schreibt man in diesem Fall ‹Hochachtungsvoll› oder ‹Mit freundlichem Gruß›?»

«Es handelt sich um einen offiziellen Brief, nicht etwa an einen Bekannten?»

«So ist es.»

«Dann schreiben Sie: Hochachtungsvoll.»

«Ich werde es meinem Vater sagen, vielen Dank. Und sehen Sie hier, solche Dinge sind es, die wir herstellen. Darf ich Ihnen ein paar schöne Stücke zeigen? Sie bleiben doch auf einen Kaffee?»

Ich mußte ihn bewundern, er hatte mich eingefangen auf eine elegante und liebenswürdige Art, eine jedenfalls, die mir neu war. Aber schon bald begriff ich, nur ich war hier neu, darum hatte der Kniff gewirkt. In den nächsten Tagen wurden etliche mehr solcher treuherzigen Bitten um kleine Formulierungshilfen an mich herangetragen. «No business, Sir, nur eine Frage.»

Gut, sagte ich mir, die Basartaufe ist überstanden, und spielte den Ball mit der gleichen Liebenswürdigkeit zurück. «Sehr gern, Habibi, jetzt bin ich leider in Eile, aber morgen habe ich Zeit. Oder übermorgen, sprich mich nur an, wir sind ja Nachbarn, Habibi, ich wohne gleich um die Ecke.» Ich wurde immer besser, trat geschmeidiger auf, das war das Geheimnis. Schwimmen, nicht fuchteln und sträuben. Allmählich hatte ich diesen gewissen Gestus raus, der mich unbehelligt durch den Basar gleiten ließ und die Händler auf Abstand hielt. Ihr Lockruf war nur mehr ein Geräusch, wie Sprühregen, durch den ich ging. Er drang an mich, aber er bedrängte nicht mehr.

Ein Tagträumender, so ging ich durch das alte Jerusalem, meine Klause für die nächsten Monate. Sie machte mir das Tagträumen leicht. Morgenland! So roch es, so klang es, so sah es aus, und im nächsten Moment läuteten Kirchenglocken wie an einem Sonntagmorgen in Köln. Abendland! Auf einmal roch es und klang es und sah sogar aus wie daheim. Nur das richtige Türchen mußte ich öffnen und stand im Parlando eines italienischen Klosters, im Weihrauchnebel einer kleinen griechischen Kirche, im Goldglanz eines russischen Nonnenkonvents, im kaiser-und-königlichen Hospiz an der Via Dolorosa oder in einem wahrhaftigen Wiener Kaffeehaus, wo junge Araber warmen Apfelstrudel zur Melange servierten oder eine Tiroler Brotzeit zum Gösser-Bier.

Frühmorgens meist, wenn es den Basarbetrieb nicht zu sehr störte, zogen Prozessionen von Station zu Station. Pilger aus Rio de Janeiro und aus Krakau, aus Kalkutta und Chicago, einer vorweg, ein großes Holzkreuz tragend. Ein Zug Fallschirmjäger kreuzte den Weg der Pilger, das sachte Klackern, wenn die herabhängenden Sturmgewehre an ihre Beine schlugen. Vielleicht waren sie unterwegs zur Klagemauer, vielleicht fand dort eine Rekrutenvereidigung statt. Ein anderer Zug kreuzte. Statt verbeulter Stahlhelme trugen diese Männer storchennestgroße Fuchsfellhüte auf den Köpfen und statt der M16 gerieten ihre herabhängenden Schläfenlocken ins Schlenkern, so eilig hatten sie es von ihrem Viertel Mea Shearim zur Klagemauer, ein Weg, der direkt durchs Moslemviertel führt.

Das Arabische ist der Mörtel des alten Jerusalem. Das, was immer da ist, der Sand in den Ritzen, der Sound in der Luft. Die jäh und immer wieder unerwartet einsetzende Rezitation der Suren, vom Minarett herab oder von einer CD. Manche Händler spielten sie so laut ab, daß es die halbe Gasse hörte und ihre Geschäfte zum Erliegen kamen. Ein flüchtiger Seitenblick in die Tiefe eines Ladens konnte den Moment erfassen, in dem der Friseur, der mich immer grüßte, der Antiquitätenhändler, der immer fragte, wann ich hereinschaue, der Chef des Internetcafés, in dem oft dieser dicke griechische Mönch beim Ballerspiel saß – daß sich diese Männer mit beiden Händen übers Gesicht strichen und, auf dem Gebetsteppich kniend, gen Mekka beugten.

Arabien, das sind die beleibten Frauen am Damaskustor,

mitten im Passantenstrom auf der Gasse sitzend, ihn teilend wie Felsen die Flut, vor sich ihre Ware, kleine Kräuterhaufen auf Plastikplanen. Und natürlich die Kaffeesieder in ihren düsteren Gewölben, diese Virtuosen der Kupferkännchen über den lodernden Flammen ihrer Gaskocher. Nicht zu vergessen die Jungen, die durch die Reihen der Alten gehen, um deren Wasserpfeifen mit frischer Kohle zu versorgen, als handelten sie im geheimen Auftrag, die arabische Glut nie erlöschen zu lassen.

Schließlich ihre kleinen quirligen Brüder, stets auf dem Sprung, den großen Bleichgesichtern, diesen immer etwas ungelenken, sperrigen Abendländlern, die sich ins arabische Gewirr getraut haben und nun nicht recht weiterwissen, die Orientierungsnot vom Gesicht abzulesen und diese schwerfälligen Wesen wieder aus der Wildnis herauszuführen wie junge Hirten ein verirrtes Tier, gegen einen Lohn, den sie lautstark fordern, mit rauher Stimme schon sie, die den Stimmbruch noch vor sich haben.

Auch wenn die Stadt voller Pilger war, voller Nonnen und Mönche, voller Kirchen, Hospize, Patriarchate, Klöster und Kreuzwegstationen – das christliche Herz Jerusalems schlägt in einem orientalischen Körper.

Nichts für schwache Nerven war dieses Durcheinander aus Himmel und Erde, aus Allerheiligstem und Rinnsalen von Wasser und Blut, in der Gasse der Schlachter. Das Chaos der Düfte. Herrlich roch es aus der schwärzlichen Bäckerhöhle nach frischem Brot, aus dem Laden für Eisenwaren nach Eisen, gleich darauf süßlich nach frischen Innereien. Clash der Dünste und Offenbarungen als Normalzustand. Sich kreuzende, ineinander bohrende, einander ignorierende

Züge und Prozessionen der gegensätzlichsten Art auf diesem einen Quadratkilometer. Pilger und Soldaten, Bettler und Irre, Gläubige und Geschäftemacher, Freund und Feind, Russen und Amerikaner, Juden und Araber, Türken und Armenier, und das alles in der Enge der uralten Tunnel und Gassen.

Im jüdischen Viertel gaben sich die Bettler als fromme Juden aus, ließen sich Bärte wachsen, warfen sich in lange schwarze Mäntel und segneten jeden, der ihnen unterkam. Legten ihm, ob er wollte oder nicht, die Hand aufs Haupt, murmelten nachlässig etwas dazu, nötigten ihm die Gabe ab. Im Moslemviertel kostümierten die Bettlerinnen sich als fromme Moslems. Vollverschleiert zu schwarzen Gespenstern, saßen sie auf der Gasse, lebende Appelle an die Pflicht zur milden Gabe.

Bei den Verrückten war es so: Die weiblichen unter ihnen zogen es vor, drinnen verrückt zu sein, sie gingen in Cafés und Kirchen um, ihre Verrücktheit wirkte in der Intimität der Räume. Die Männer aber waren draußen verrückt, ihr Wahnsinn, schweifender als der weibliche, brauchte die Weite der großen Stadttore und Plätze.

Manchmal schloß ich die Augen, dann war Jerusalem ein Duft aus glühender Wasserpfeifenkohle, Unrat und starken Gewürzen, ein Wirrwarr aus heiseren Rufen und Glocken, hellen und harten. Die geflüsterte Bitte der Bettlerin wehte heran, übertönt von Pilgergesang und frommen Rezitationen der Eiligen, unterwegs zum Felsendom oder zur Klagemauer, dann wieder unbefangen lautes Geplapper, oft russisch oder amerikanisch.

Jerusalem eine Stadt zu nennen, wäre irreführend – eine Stadt, verstanden als halbwegs planvolles, lesbares Menschenwerk aus Straßen und Häusern. Sollte ich es einem schildern, der es nicht kennt, ich würde ihn bitten, nicht an Städte zu denken. Ein Brot ist Jerusalem, ein hartes Brot, gebacken nach uraltem Rezept, gewürzt mit Geschichten, Geheimnissen, Prophetien. Als habe jemand das alles lange geknetet und in den Jahrtausendofen geschoben, so einen, wie ich sie frühmorgens sah, wenn die Bäckerjungen aus den väterlichen Backhöhlen stiegen, das duftende Brot auf Brettern auf der Schulter tragend.

Die Jerusalem-Sehnsucht hat zu allen Zeiten die unterschiedlichsten Liebhaber ergriffen. Von den ersten Jahrhunderten nach Christus an zog es Pilger zum Heiligen Grab. Mönche, Laien, Könige. Kreuzritter gaben ihr Vermögen daran, Jerusalem zu sehen, und machten ihr Testament, wissend, daß die Chance, lebend heimzukehren, gering war. Der heilige Franziskus versuchte es immer wieder und scheiterte immer wieder, bis es ihm endlich gelang.

Und zu allen Zeiten verließen Rabbiner ihre Städte in Rußland, Galizien, Spanien oder Marokko, um sich mit ihren Schülern in Jerusalem anzusiedeln. «Nächstes Jahr in Jerusalem!», in manche fuhr der Ruf so stark, daß sie hinmußten, koste es, was es wolle. Wer für diesen Ruf kein Ohr hatte, wer unmusikalisch war für das Heilige der Heiligen Stadt, der hatte hier nichts verloren.

Ist Jerusalem schön? Oh ja, aber seine Schönheit zeigt sich nicht jedem und nicht umsonst. Jerusalem ist eine orientalische Frau. Wer sie sehen will, muß erst durchs Dunkel wandern, lange durch obskure Tunnel irren, durch Gänge und Gewölbe, auf den Abend warten. Den richtigen Moment finden, die richtige, unscheinbare Tür oder Treppe. Irgendwo führt immer eine Stiege hinauf auf ein Dach. Diese flachen Steindächer sind Jerusalems Königslogen – und nun war es soweit, die Vorstellung konnte beginnen.

Der Abendhimmel goß sein Licht verschwenderisch aus. Was steinweiß gewesen war und steingrau, also alles hier, das errötete jetzt. Alles lag hingebreitet, Stadt und Welt, ein einziger Körper, alle Partien ausgebildet, die Täler und Hügel grandios beleuchtet, die Stadt, in ihre Mauer gegürtet, hart darunter die große Falte, das Kidrontal, drüben am Ölberg Gethsemane, der Garten der letzten Nacht vor der Passion, hinter dem Ölberg die Judäische Wüste. Steinernes Land. Dornen und Fels. Aber der Stein ist fruchtbar. Bilder entspringen, schlägt man nur drauf.

Moses, der aus der Wüste kam. Johannes, der Wüstenheilige, der von sich sagte, er taufe mit Wasser, es werde aber einer kommen, der taufe mit Feuer. Dieser Jesus dann selbst in der Wüste, vierzig Tage lang fastend. Schließlich die große Szene, in der Satan ihn aus der Wüste nach Jerusalem holt, ihn auf die Zinne des Tempels stellt und danach auf einen Berg, ihm die Reichtümer dieser Welt zeigt, ihm das alles verspricht, wenn er ihn nur anbete. Der Dialog der beiden dann, Gottes Sohn und der Teufel im Schlußplädoyer, und beide fechten mit denselben Waffen, beide zitieren dieselbe Heilige Schrift. So etwas konnte einem nur hier einfallen, das konnte nur hier geschehen.

Jerusalem leuchtete im letzten verrückten, verzückten Licht, und mir leuchtete das alles ein auf meinem Dach, als sei es nicht mit Tinte geschrieben, sondern mit einem Extrakt aus Dornbuschsaft, gekocht auf offenem Feuer vor einem der schwarzen Beduinenzelte in der Wüste. War Jerusalem schön? Hätte der Versucher dem Mann aus der Wüste lieber Rom zeigen sollen? Persepolis? Alexandria? Man sagt, der Teufel habe einen guten Geschmack.

Bis die Nacht kam, stand ich da oben, dann stieg ich wieder hinab ins ewige Halbdunkel der Höhlen, Tunnel, Konvente, tagsüber im immerwährenden Schatten, nun schwach beleuchtet, und fragte mich, ob es wohl einen gab in ganz Jerusalem, einen einzigen, der von sich sagen durfte, er kenne seine Stadt. Ich bezweifelte es.

CHARLY EFFENDI

Um so neugieriger war ich auf den Mann, den ich am nächsten Abend treffen würde. Ein Freund hatte ihn mir ans Herz gelegt – wenn einer Jerusalem kenne, dann dieser armenische Fuchs. Nur eines hatte der Freund vergessen, mir den Mann zu beschreiben. «Am Jaffator um sechs», war die knappe Antwort, als ich ihn anrief, um zu fragen, wann er Zeit habe. Um Viertel vor sechs stand ich dort. Meine Sorge, ihn zu verpassen, schien begründet, es war schon dunkel und der Platz am Jaffator weitläufig und sehr belebt um diese Zeit.

Um Punkt sechs sah ich einen Mann vom armenischen Viertel herbeischlendern. Er fiel auf in der Menge, aber nicht weil etwas äußerlich Auffälliges an ihm gewesen wäre. Unscheinbar kam er daher, nicht groß, von robuster Gestalt, in dunkler Hose und dicker Jacke, eine etwas zu kleine Strickmütze spitz auf dem Kopf. So ähnlich liefen jetzt im Winter viele Männer herum, die Abende konnten empfindlich kalt sein. Was auffiel, war allein seine Art, sich über den Platz zu bewegen. Er hatte überhaupt keine Eile. Er ging über den Platz, als schritte er durch sein Empfangszimmer, immer neue Gäste begrüßend.

Zu dieser Abendstunde waren viele unterwegs, meist kamen sie von der Klagemauer und strebten durchs Jaffator aus der Altstadt hinaus in den Westteil der Stadt, zu ihren Wohnungen oder Hotels, ich hörte viel Amerikanisch. Alle hatten es eilig, nur er nicht. Die Hinauseilenden gingen in Grüppchen, in Gespräche vertieft oder ganz für sich in die Schrift. Sie hatten keinen Blick für ihre Umgebung. Dieser Teil von Jerusalem, das sah man, war ihnen fremd. Ihm nicht. Jeden zweiten hier schien er zu kennen, und jeder zweite kannte ihn. Alle paar Schritte blieb er stehen, um ein paar Worte zu wechseln.

Mich hatte er längst ausgemacht und mir ein Zeichen gegeben. Nun gaben wir uns die Hand. War etwas komisch an mir? Er musterte mich von oben bis unten, grinsend. «Man sagte mir, Sie seien hier, um Jerusalem zu verstehen. Wie lange bleiben Sie?»

«Zwei Monate zunächst, mal sehen.»

«Zwei Monate!» Er lachte laut auf. «Ich bin hier geboren und lebe seit sechzig Jahren hier, und manches verstehe ich immer noch nicht. Zwei Monate.»

Wir gingen, das heißt, er ging, und ich ging mit. Er fuhr fort, Bekannte zu grüßen, mühelos vom Arabischen ins Hebräische wechselnd, und wenn er einen Landsmann traf, ins Armenische. Welche Sprache ich bevorzuge, fragte er mich und bot Französisch, Englisch, Russisch an. Dann saßen wir in einem Café, das er ausgewählt hatte, und es fiel der Satz, den ich noch oft von ihm hören würde, eigentlich jedesmal, wenn wir uns trafen, in den ersten Wochen hörte ich ihn beinah täglich: «There's no joy in this city.»

Man kannte ihn unter verschiedenen Namen, je nachdem, wie nahe man ihm stand. Wer ihn nur von ferne kannte, weil er eben eine Berühmtheit des alten Jerusalem war, rief ihn bei seinem Allerweltsnamen. Charly, manche sagten auch Charles, französisch gesprochen. Sein richtiger, armenischer Name sagte ohnehin nur einem Jerusalemer aus alter Familie etwas, hier geboren, seit Generationen hier lebend, am besten selbst Armenier.

Je öfter wir uns trafen und je bereitwilliger er mich in das hineinschauen ließ, was er an Jerusalem so sehr liebte und was ihn in der Stadt hielt, obwohl er ihre Zukunft rabenschwarz malte, desto deutlicher wurde das Gefühl, keiner dieser Namen sei der passende. Ich stand ihm nicht nahe genug, um ihn in seiner armenischen Herkunft und seinem ganzen Jerusalemer Drama zu würdigen. Aber mit der Zeit auch nicht mehr so fern, um es beim Allerweltscharly zu lassen. So gab ich ihm einen neuen Namen. Charly Effendi.

Ich fand, der alte osmanische Titel stand ihm gut. Längst außer Gebrauch, war er um so schöner. Ein Ehrentitel aus der Epoche vor den Jungtürken, vor dem großen Mord an den Armeniern, der auch seine Familie in die Flucht getrieben hatte, hierher ins christliche Jerusalem, in den Schutz des armenischen Viertels.

Charly Effendi hatte seine Rituale. Jeden Tag ging er Zeitungen kaufen, aus London, Beirut, Kairo. Er lebte in einer Welt, die verschwunden war, dem Nahen Orient, in dem man sich, unvorstellbar in heutigen Kriegszeiten, ziemlich frei bewegte zwischen Syrien und Ägypten. Die Hauptstädte dieser orientalischen Welt waren Beirut und Kairo gewesen. Jerusalem war nie Hauptstadt eines Staates, seit seiner Zerstörung durch die Römer im Jahre 70 nicht, abgesehen vom kurzen Traum des Königreichs der Kreuzritter. Jerusalem war etwas anderes. Eine Stadt, nicht ganz von dieser Welt.

Einmal wagte ich es, diesen Satz in Charly Effendis Gegenwart auszusprechen. Er sah mich mit einem unbeschreiblichen Ausdruck an, das Gesicht in Spottfalten gelegt, der Blick weit weg, traurig. «Jerusalem ist dabei, ein religiöses Disneyland zu werden», knurrte er, in seinem Milchkaffee rührend, «mit ein paar letzten hier lebenden Christen als Darstellern und traurigen Clowns.» Auch von anderen seines Milieus hörte ich solche Sätze.

Charly Effendis Klasse, sie existierte, so schien mir, nur noch in der Erinnerung, und selbst die war dabei zu verschwinden – die Erinnerung an Jerusalems christliche Elite. Griechisch war sie gewesen, syrisch oder arabisch, orthodox, armenisch oder lateinisch, aber eben christlich. Manchmal dachte ich, er traf sich darum so oft und sprach darum so bereitwillig mit mir, um mich zum Zeugen dieses Untergangs zu machen. Um nicht selbst der letzte Zeuge zu sein.

Mal trafen wir uns morgens, mal abends, immer in Cafés. Ab und zu müsse er raus, sagte er, dann fliege er nach Paris, das brauche er für seine geistige Gesundheit. «Mal durchatmen. Freiheit. Geistige Freiheit in vollen Zügen.» Als säßen wir am Boul' Mich' statt am Jaffator, bestellte er stets Café au lait, mit einer Portion heißer Milch extra. Ich sah ihn nie Wein trinken. Nüchtern bleiben war seine Devise. Zeuge bleiben. Die Dinge, die er nicht ändern konnte, wenigstens scharf beobachten, diese Haltung war es wohl, die er mit Paris verband. Er sah manche aus dem christlichen und armenischen Viertel Zuflucht im Rausch suchen, immer wieder sprach er von solchen Fällen, bekümmert und entschlossen, es selbst nicht dazu kommen zu lassen.

Einmal trafen wir uns abends im Österreichischen Hospiz, er brachte einen Freund mit. «Dr. Alessandro! Ein guter Arzt und ein guter Katholik!» Auch um den Dottore wehte eine leise Tristesse, wie ich sie von seinem Freund kannte, und beide Männer hatten ihre Methoden, sich ihrer zu erwehren. Der eine analysierte sie, schaffte lesend und denkend Distanz und floh ab und zu nach Paris. Dr. Alessandro bekämpfte die Trauer mit levantinischer Leichtigkeit und gutem Essen. Sprach er über Schweres, dann mit einem Lächeln und nicht länger als nötig.

Das Schwere war für diese Männer, ihr Jerusalem ausbluten zu sehen. «Unsere jungen Leute gehen fort, nach Amerika, nach Europa. Hier gibt es keine Arbeit für sie, aber in jeder Straße Drogen.» Sogar ich, der ich erst wenige Tage in der Stadt war, kannte schon die Gestalten, die nach Einbruch der Dunkelheit mit glasigen Augen in den Gassen des Christenviertels lungerten, sie waren gar nicht zu übersehen. Was die beiden Männer traurig machte, waren aber nicht diese paar Verlorenen, es war der große Verlust, der von allem. «Unsere jungen Leute finden nicht nur keine gute Arbeit, sie finden nicht einmal mehr einen Partner. Heiraten ist schwierig geworden in Jerusalem. Nicht für Juden, die sind viele, nicht für Moslems, die sind noch mehr, aber für uns Christen. Wir werden immer weniger. Wer etwas kann und ein gutes Leben will, der geht fort.» In seiner Jugend, sagte Charly Effendi, sei streng nach Konfessionen geheiratet worden. «Ein Armenier heiratete eine Armenierin, ein Katholik eine Katholikin, etwas anderes kam nicht in Frage. Heute ist das gar nicht mehr möglich, wir sind viel zu wenige geworden, um solche Ansprüche zu stellen.» Noch in den zwanziger Jahren sei über die Hälfte der Altstadt christlich gewesen.

Der warme Apfelstrudel kam. Chopin perlte, Dvořák wogte, und Kaiser Franz und Kaiserin Sissi schauten aus ihren vergoldeten Rahmen auf das Wiener Kaffeehaus an der Via Dolorosa herab, in dem wir saßen. Das k. u. k. Hospiz war ein Ort, an den sich mancher gern hin und wieder rettete, auch ich. Wie von selbst glitten die beiden Männer an meinem Tisch in die Zeit, die ihnen eine bessere gewesen war. «Wir hatten ein großes Haus in Westjerusalem», begann Dr. Alessandro und lehnte sich in die Polster, «in einem christlich-arabischen Villenviertel. Mein Vater baute es vor dem Krieg. 1948 kam das Viertel zu Israel, meine Familie floh in die Mauern der Altstadt, wie alle von uns.»

«Wir hatten ein Haus im Westen», so elegisch begannen diese Erzählungen immer. Ich würde sie noch oft hören, Geschichten von Flucht, Verlust, Bitternis. Am westlichen Rande der Altstadt, am Jaffator, etwa da, wo ich bei unserer ersten Begegnung auf Charly Effendi gewartet hatte, verlief ab 1948 die Grenze zwischen Israel und Jordanien, neunzehn Jahre lang. Die Altstadt war jordanisch, ihre Tore nach Westen, das Jaffator, das Neue und das Damaskustor, blieben verschlossen, bis Israel 1967 die Altstadt eroberte und die Tore wieder öffnete. Der Untergang der alten Jerusalemer Elite, mit deren altgewordenen, melancholischen Söhnen ich gerade Apfelstrudel mit Schlagobers aß, hatte mit der Flucht aus ihren Villen im Westen begonnen.

Tiefer tauchte Dr. Alessandro in die Zeit, bis auf den Grund. Er nannte mir nun seinen Nachnamen. «Sie finden ihn unter den Namen der italienischen Familien, die im 11. Jahrhundert ins Heilige Land fuhren. Wahrscheinlich stamme ich von einer Kreuzfahrerfamilie ab. Wir sind tausend Jahre hier.» Und als hätten sie ihr Poem geprobt und könnten es im Schlaf hersagen, fiel Charly Effendi ein: «Wir waren Geschäftsleute, Bankdirektoren, Doktoren, Minister. Wir waren die Oberschicht. Die hohen Beamten der britischen Mandatsverwaltung waren so gut wie alle Christen.»

«Wollte nicht König Hussein einen Verwandten von dir zum Minister machen?», übernahm Dr. Alessandro. «Ja», antwortete sein Freund, «aber er sagte dem König ab. Er war der Meinung, sein Arabisch sei nicht gut genug. Natürlich sprach er es gut, er sprach vier oder fünf Sprachen, wie wir alle hier. Aber er fand, er spreche nicht gut genug Arabisch. So war das, so waren wir. Und heute?» Er gab sich selbst die Antwort. «Zum ersten Mal in der Geschichte haben wir ein armenisches Proletariat. Wir Armenier waren die Goldschmiede von Jerusalem. Heute gibt es noch einen – einen einzigen!»

Wir verließen die Wiener Illusion und hatten ein Stück gemeinsamen Heimwegs. Jerusalem bei Nacht war wunderbar, seine Gassen und Basare still und menschenleer, wir hatten die Stadt ganz für uns. Als wir eine Treppengasse bergan stiegen, blieb der Dottore unter einer Wölbung stehen, einem kleinen Tunnel. «Hier unter diesem Bogen saßen in der zweiten Intifada Soldaten fest. Sie konnten nicht vor und nicht zurück. Als sie mich kommen sahen, hielten sie mich für einen Juden und winkten mir, nicht weiterzugehen, es sei lebensgefährlich. Steine. Schüsse.» Er lächelte. «Aber ich bin Arzt. Und ich bin von hier. Es ist meine Straße.»

Wir kamen zu einem anderen Bogen. Wieder hielt der Dottore inne, um ein Erlebnis aus seiner Gasse zu erzählen. «Hier wurde ich in der zweiten Intifada zu einem Verwundeten gerufen. Von der einen Seite flogen Steine, von der anderen Seite schossen die Soldaten.»

«Und», fragte Charly Effendi, «bist du weiter?»

«Ja, ich bin weiter. Der Mann, zu dem ich gerufen wurde, hatte ein zerschossenes Gesicht, es eilte.»

«Konntest du was für ihn tun?»

«Ich habe ihn verbunden, das war es, was ich tun konnte. Es war Nacht. Dann mußte er in die Klinik. Ich weiß nicht, was aus ihm wurde.»

Er verabschiedete sich, wir beiden anderen gingen weiter. Charly Effendi schlug mir einen kleinen Umweg vor, durch den Khan as-Zeit, einen uralten Souk. Er wolle mir etwas zeigen, sagte er, das die wenigsten zu sehen bekämen. Sämtliche Blechläden waren zugeklappt und verschlossen, und so lagen die alten Basarmauern frei. Er führte mich nahe an eine Stelle heran und entzündete ein Streichholz. Lateinische Buchstaben, in die Mauer geritzt, flackerten auf, ein Name. Anna.

«Es sind Zeichen aus der Epoche der Kreuzritter. Die Händler hier zahlten damals ihre Steuern direkt an Klöster und Kirchen. ‹Anna› heißt, dieser Basarhändler führte seine Steuer an den Sankt-Anna-Konvent ab. Den gibt es immer noch, das große Kloster beim Löwentor. Und jetzt sehen Sie mal da.» Wieder ein Streichholz, nun erschien ein handgroßes «T» an der Mauer. «Wissen Sie, was das heißt?»

«Nein.»

«Es heißt Templum Domini.»

«Die Grabeskirche?»

«Nein, der Felsendom, so hieß er bei den Kreuzrittern.»

Wir waren einen weiten Kreis durch das nachtstille Jerusalem gelaufen, nun gingen wir zurück zum Jaffator. «Wir sind die Letzten», sagte er neben mir. «Wir sind hiergeblieben aus Überzeugung. Wir haben nicht geheiratet, wir haben keine Zukunft. Ich kann es den Jungen nicht verdenken, daß sie fortgehen nach Amerika oder nach Amman. Was sollen sie hier? Als Christen finden sie keinen guten Beruf und nicht einmal mehr eine Frau. Sehen Sie mich an, ich bin sechzig. Ich denke darüber nach, noch zu heiraten, aber wen? Es gibt niemanden. *There's no joy in this city*, ich hab's Ihnen gesagt.»

EIN GEHEUL IN DER NACHT

Wieder war ich vor dem Tag erwacht, wieder die enge, ausgetretene Stiege hinaufgeklettert aufs Hosteldach, ihr rissiges, graues, zundertrockenes Holz ächzte nicht einmal mehr unter meinem Fuß, so müde war es. Ich fror. Jetzt hieß es warten. In die dickste meiner drei fleckigen, filzigen Decken gehüllt, die der Zimmerwirt mir bewilligt hatte, wartete ich, daß der erlösende Schimmer sich zeigte über dem Ölberg, der zarte Streif, der Himmel und Erde teilt, Licht und Dunkel.

Eisig stand der Morgenstern, der Große Juwelier hatte ihn

auf schwarzen Samt gelegt über Nacht. Und dann – obgleich ich ihn doch kannte, schon einigemal war er in meinen Schlaf gefahren – erwischte mich der Ruf zum Gebet wieder und jagte mir einen leisen Schrecken ein. So nahe, so laut in die Stille platzend wie ein Schuß. Andere Rufer fielen ein, es rief nun von überallher, eifernd, wetteifernd, nicht mehr einzeln zu orten, ein einziger, vielstimmiger Gesang über der Stadt. Die hielt sich still. Nichts regte sich, kein Laut und kein Licht.

Allahu akbar! Es ist besser zu beten, ihr Gläubigen, als zu schlafen! In die Kälte der Nacht geschmiegt, lauschte Jerusalem dem Werben der Wüste, denn so klang es. Es schien nicht aus der Stadt zu kommen, es war, als umkreise sie der Ruf und brande in Wellen an, in Wellen aus hartem Sand. Bei Tageslicht, ich wußte es ja, erschallte der Gebetsruf aus den Lautsprechern der Minarette, die zwischen den hohen und flachen Kuppeln der Stadt in den Himmel stachen. Aber das zählte jetzt nicht, darauf war kein Verlaß in der Nacht. Was ich jetzt hörte auf meinem Dach, war der Gesang der Wüste, aus den Wadis und felsigen Einöden dort hinterm Ölberg, ein Geheul aus dem Stein, aus dem Dornbusch. Ich hüllte mich fester in meine schmutzige Decke und erwartete den Tag.

Allahu akbar!, ein letztes. So hart, wie er eingesetzt hatte, so hart brach der Gebetsruf ab. Dann wieder Nachtstille und irgendwann die Glocken von Jerusalems Kirchen. Sachte, sich sammelnd erst, das vertraute Anläuten und Einschwingen, dann läutete es dichter, voller, läutete eine Welt herauf, eine ferne Kindheit. Aber es kam noch etwas nach, als die letzte Glocke verklungen war. Ein schwermetallischer Schlag, lauter und härter als alles bisher, eine Glocke anderer Art. Ein

Engel haut ins Erz, so werden Schicksale geschmiedet, wer es hört, hält den Atem an. Drei letzte Schläge jetzt, drei gleiche, ein Amen aus Eisen. Dann kam der neue Tag.

Steifgefroren wie eine Nachtwache, stieg ich die Treppe hinab, stocherte mit dem Schlüssel im ausgeleierten Schloß der Nummer 29 herum und kroch in die enge, steinerne Kammer, unter alle drei Decken.

Wo ich aufgewachsen bin, zeigt man ein Steinkammergrab, der Clou ist das Seelenloch am Kopfende. Die Menschen der Steinzeit, so schlicht ihre Werkzeuge waren, wußten wohl, da ist mehr, als ich töten und aufessen, ergreifen und behauen kann. Und so ließen sie, wenn einer von ihnen starb, ein Abzugsloch für das, was den Menschen zum Menschen macht und ihn in der Todesstunde verläßt. An das Steinkammergrab hatte ich denken müssen, als ich die Tür meiner Kammer zum erstenmal hinter mir zuzog. Ich stand auf Stein. Stieß an Stein, wenn ich mich im Schlaf ausstreckte.

Das Bett aus Eisen füllte die Kammer fast aus. Nichts sonst, nicht mal ein Stuhl, nur fünf Nägel in der Wand. Zwei zuviel, drei reichten für Jacke, Hose, Hemd. Die Decken, unter denen ich schlief, rochen nicht gut. Wenige Nächte, und ich roch wie sie. Was noch? Zwei Mauernischen, eine am Kopfende meines Lagers, groß genug, ein Licht hineinzustellen, die andere neben mir. Eine Nische fürs Totenlicht, eine Nische für Totengaben, fertig war das Steinkammergrab.

Und das Seelenloch. Es war das Fensterchen meiner Kammer, das einzige, aber was für eines. Ausgebreitet vor mir lag Jerusalem mit allen seinen goldenen und steinernen Kuppeln und Wundern. Was brauchte es mehr? Ich fand Gefallen an meinem Grab.

DER KÖNIG DES MURISTAN

Um mich aufzuwärmen, wenn ich in der Frühe aus meiner Steinkammer kam oder aus der Grabeskirche, ging ich gern in ein Café gleich hinter deren südlichem Eingang. Dort, im Herzen von Jerusalem, liegt ein Markt, der Aftimos-Souk, auf dessen Sonnenseite standen die Tische vor den Cafés, und immer saß da derselbe hagere alte Mann mit den roten Altersäderchen und dem grundlos sorglosen Lächeln im Gesicht, auf dem Kopf seine kaukasische Pelzmütze, vor sich einen Minztee und einen Berg duftender, warmer Sesamkringel, die er gemächlich aufaß, das arabische Brot der Frühe.

Manchmal huschte ein Ausdruck zwischen Wehmut und Spott über seine Züge, als wollte er sagen, was soll mich noch überraschen, ich habe alles gesehen. Als er mich kommen sah, blickte er kurz auf, nickte, wie ein Kenner nickt, und als ich mich neben ihn setzte und die Beine übereinanderschlug, deutete er auf meine Schuhe.

«Gute Schuhe!»

Und rieb Zeigefinger und Daumen, die Geste, die überall auf der Welt verstanden wird.

«Stimmt», sagte ich, «nicht ganz billig.»

«Keine Fabrikware, wie?»

«Ein Schuhmacher hat sie mir gemacht.»

Er nickte zufrieden und zeigte auf die Naht. «Gute Arbeit, so etwas sieht man nicht mehr oft» – wieder erschien dieses Lächeln mit deutlichen Spottanteilen – «das fällt einem auf, der so lange auf der Welt ist wie ich.» Und schon war er bei seinem Lieblingsspiel mit Touristen und Pilgern.

«Nun, wie alt bin ich?»
«Achtzig?»
«Höher!»
Zweiundachtzig?»
«Höher!»
Siebenundachtzig?»
«Höher!»
«Also gut, neunzig.»
«Fünfundneunzig! Bald sechsundneunzig, Jahrgang 1918.»
Er lachte lautlos.

Wieder hatte er es geschafft, einen dieser Fremden auszureizen, die die Tage an ihm vorübertrieben, und ich staunte gehörig und mußte nicht sehr schauspielern, er sah tatsächlich nicht so aus, wie ich mir einen bald hundertjährigen Greis dachte. Er stellte sich vor.

«Ich bin König Salomon!»
«Ach, wirklich?»
«Sozusagen. Ich heiße Abu Salomon, der Vater von Salomon.»
«Also eigentlich König David.»
«Ja, aber bleiben wir bei Salomon.»
«Abu Salomon, das ist arabisch. Sind Sie Moslem?»
«Nein, ich bin Christ, meine Familie ist seit 837 Jahren hier.»
«Immer in Jerusalem?»
«Immer in Jerusalem.»
«Im selben Viertel?»
«Im selben Viertel.»
«Im selben Haus?»
«Im selben Haus.»

Dann schwieg er, des Redens müde. Genug Unterhaltung für jetzt. Ich zahlte den Touristenpreis für meinen Morgenkaffee – dreimal so hoch wie in jeder arabischen Kaffeehöhle tief drinnen im Souk, und der Kaffee dreimal so schlecht – und sagte Abu Salomon adieu. Er winkte mir huldvoll zu.

Ich war ein paar Schritte gegangen, da zog mir eine Wolke aus Mohn- und Zimtduft entgegen – der Karren mit dem ofenwarmen Gebäck bog um die Ecke. Ich kaufte einen der herrlichen Zimtwecken, und als der Bäckerjunge fragte, wie er mir schmecke, denn er habe mir den ersten heute verkauft, kostete es mich keine Mühe, sein Gebäck zu loben, das beste im Muristan.

Muristan – ein Wort persischen Ursprungs für Hospital. In römischer Zeit hatte hier das Forum gelegen, im Mittelalter das Hospiz des Johanniterordens und eine Kirche der Kreuzritter. Es folgten Jahrhunderte in Ruinen. Dann kam Kaiser Wilhelm, ein Freund der Kostümierungen und Inszenierungen, ein Liebhaber ausgesuchter Identitäten, ein postmoderner Mann *avant la lettre*. Ihm gefiel die Idee, als erster deutscher Kaiser seit dem sizilianischen Staufer Friedrich II., seit 669 Jahren also, nach Jerusalem zu reisen und ein Zeichen seiner protestantischen Dynastie direkt neben die Grabeskirche des römischen Kaisers Konstantin zu setzen, die Erlöserkirche. Zu ihrer Weihe am Reformationstag 1898 zog Wilhelm II. in Jerusalem ein.

Die Kirche sticht aus ihrer Umgebung heraus wie eine neue Nase aus einem uralten Gesicht. Hundertfünfzehn Jahre alt ist sie nun, zwanzig Jahre älter als Abu Salomon, und noch immer neu. Hundertfünfzehn Jahre, das ist hier kein Alter. Die Hohenzollernkirche wurde aus dem weißlichen Kalkstein der Gegend errichtet, aus dem die ganze Stadt erbaut ist – diesem Stein, der das Jerusalemer Licht aufzusaugen, es zu speichern und in der Abendstunde auszustrahlen vermag. Aber wo in Jerusalem gibt es noch einen Bau aus so seriell geschnittenen, exakt gleich großen Steinen? Ohne jeden antiken Quader oder Säulenschaft, eine so spurlose Kirche? Jerusalem ist weiß, kalkweiß, licht – von außen. Drinnen ist es dunkel, rußig, bilderschwer. Kaiser Wilhelms Kirche, in seinem neuromanischen Lieblingsstil, ist innen so weiß wie außen.

Über seinen Einzug im Oktober 1898 reden die Jerusalemer heute noch, als handele es sich um ein Ereignis vor wenigen Wochen, und von Wilhelm sprechen sie immer noch als «the Kaiser», mit einem leise mißbilligenden Unterton. Er hat etwas getan, das ihm Jerusalem nicht vergessen kann. Er ist nicht vom Pferd gestiegen am Jaffator, um die Heilige Stadt demütig zu betreten, wie es sich für Fürsten, Könige und großmächtige Herrscher von alters her gehört; hier sind auch sie nur Pilger – also runter vom hohen Roß. Wilhelm aber, der protestantische Tor, ritt in die Heilige Stadt hinein. Keiner, mit dem ich sprach, nannte es so, aber für echte Jerusalemer ist das ein Akt der Blasphemie. Noch der britische General Allenby war – immerhin zwanzig Jahre nach des Kaisers Besuch – zu Fuß durchs Jaffator gegangen, nachdem er 1918 die osmanischen Truppen besiegt und Jerusalem eingenommen hatte. Nein, dieser Wilhelm wußte einfach nicht, was sich gehörte.

Extra für ihn und seinen Hofstaat war das Jaffator aufgebrochen und verbreitert worden. Triumphbögen wurden dem Kaiser und seiner Auguste errichtet, die Leute säumten die Straße, jüdische Kinder sangen deutsche Volkslieder für das hohe Paar, der Sultan schickte seinem Verbündeten

Prunkzelte für ein standesgemäßes kaiserliches Hoflager vor den Toren der engen, damals teils in Ruinen liegenden, alles andere als prächtigen Stadt im staubigen Irgendwo zwischen Konstantinopel und Kairo.

Eine Ahnung von diesem älteren, staubigen Jerusalem gibt heute am ehesten noch das moslemische Viertel. Dorthin wollte ich. Es ging auf den Abend zu, die Via Dolorosa war so belebt, daß ich nur langsam vorankam. Ich wich in die nächstbeste stille Seitengasse aus und verlor mich im arabischen Viertel. Hier sah ich nur wenige Menschen, aber Stimmen waren zu hören, arabische Worte, gerufen oder gemurmelt in einem Gang, der sich im Dunkel verlor oder in einem Wohnhof, der für mich unsichtbar blieb. An Hunderten Türen und Toren lief ich vorüber und kam mir vor wie einer, der nicht hierhergehört. Über mir gingen neongrün die Lichter der Minarette auf, am Himmel stand ein fahler Halbmond. Dann wieder vertraute Bilder. Auch im tiefsten Arabien der Heiligen Stadt fand sich irgendwo eine Klosterpforte, ein Kirchturm. Offenbar waren im alten Jerusalem die Völker und Religionen nicht so streng geschieden wie im neuen.

Zu meiner Überraschung kam ich am Herodestor heraus. Ich setzte mich auf einen der Schemel des Kaffeehauses und sah dem Treiben auf der Gasse zu, die sich dort zu einem kleinen Platz weitet. Ein paar Läden, der Gemüsemann, der Bäcker, der Fleischer. Verschleierte Frauen. Mädchen in Gruppen, solche, die sich verhüllten, und solche, die ihr langes Haar offen trugen. Jetzt kamen Soldaten, oder war es Polizei? Einige sicherten die Gasse mit ihren MPs, andere gingen in die Läden. Ich vermutete, sie suchten einen Verdächtigen, aber der Besitzer des Kaffeehauses schüttelte den Kopf. «Tax!»

Um Steuern ging es, und mir ging die Bedeutung des Wortes taxieren auf. Die zehn Bewaffneten begleiteten und schützten den Mann vom Finanzamt, der die arabischen Läden taxierte.

Plötzlich schnelle Schritte, Bewegung, etwas wurde auf Schultern getragen, die Gruppe kam rasch näher. Eine Beerdigung im Laufschritt, nun sah ich es: Was die Männer da trugen, war der offene Sarg. Er war heute gestorben, und wie es die Sitte verlangte, wurde er noch am selben Tag bestattet. Draußen, nicht weit vor dem Tor, lagen die Friedhöfe der Moslems, gegenüber denen der Juden auf der anderen Talseite, so jerusalemweiß und so jerusalemsteinern wie jene. Der in weißes Tuch gehüllte Tote bewegte sich leicht im Rhythmus der Sargträger.

Jetzt erreichte die Gruppe die Soldaten. Spürte nur ich die Spannung? Konnte sie nicht jederzeit in Haß und Blutvergießen ausbrechen? Nichts geschah. Der Leichenzug lief durch die Soldaten und verschwand so hastig und so still, wie er gekommen war. Auch ich ging weiter, und weil die Abenddämmerung schon die Gassen ausfüllte, suchte ich einen Aufgang auf Süleymans Mauer. Über mir hörte ich Stimmen, dann spürte ich kleine Steine. Ein paar Jungen bewarfen mich von einem Dach herab mit Kieseln und englischen Worten. Nichts Ernstes, sie waren elf oder zwölf Jahre alt, aber ich ging schneller. Ich kam zu einem Käfig, in dem ältere Jungs Fußball spielten, und fragte einen nach dem Maueraufgang. Er sagte, der Aufgang sei schon geschlossen, aber er könne mir den heimlichen Aufstieg zeigen, den sie immer benutzten, wenn sie nach der Polizeistunde noch hochwollten. Ich dankte ihm, kletterte hinauf und wanderte über die steinerne Landschaft aus dunklen Gassen, Dächern, Kuppeln und Zinnen aufs Damaskustor zu. Der Himmel hatte jetzt die Farbe von Mondstein.

Als ich das Damaskustor erreichte, stellte ich fest, daß auch dort der Aufgang verschlossen war. Ich lief unschlüssig ein paar Schritte zurück. Ein junger Araber beobachtete mich von der Terrasse seines Hauses aus, er rief mir zu, es habe keinen Sinn, weiterzugehen, alle Wege von der Mauer hinab seien jetzt verschlossen. «Woher bist du?»

«Aus Deutschland.»

«Aus München?»

«Aus Berlin.»

«Ich liebe München. Thomas Müller!»

Es begann nun ein Hin und Her von Namen, die wir uns zuwarfen wie kleine Jungs beim Autoquartett.

«Ribéry!»

«Lahm!»

«Dante!»

«Robben!»

«Badstuber!»

«Martínez!»

«Shaqiri!»

«Neuer!»

So ging es weiter, wir riefen alle auf, bis uns keiner mehr einfiel. Er, der nur Arabisch sprach und ein paar Brocken Englisch, brachte es fertig, all die fremden deutschen und anderen Namen der Spieler des FC Bayern verständlich auszusprechen, sogar den schwierigsten von allen, Bastian Schweinsteiger. Da wir nun durch waren, besann er sich auf meine mißliche Lage. Ohne Hilfe würde ich von der Mauer vor morgen früh nicht herunterkommen, meinte er. Hinunterspringen war undenkbar, dafür war die Mauer viel zu hoch, klettern kam auch nicht in Frage, dafür war sie zu glatt.

«Komm», rief er mir zu, «spring!»

Er zeigte auf eine wackelige, halb lose Eisenstange an seinem Geländer, die solle ich im Sprung greifen und mich an ihr auf die Terrasse ziehen. Ich überlegte nicht lange und war in einer Sekunde bei ihm. «Mein Haus», sagte er nicht ohne Stolz und führte mich durch winklige Flure und über Treppen ins Freie.

Ein ähnliches Erlebnis hatte ich Tage später an der Sicherheitsschleuse zur Klagemauer. Es begann wie auf der Mauer am arabischen Viertel. «Woher?»

«Aus Deutschland.»

Der jüdische Wachmann sah mich an.

«Welches Auto?»

Ich sagte es ihm.

Er lächelte. «BMW!»

Diesmal war es ein Monolog. Er spielte Autoquartett, allein. «Mercedes! Hm. Porsche! Hm, 911. Panamera!» Wir lächelten beide, nickten uns versonnen zu. Dann machte er eine lässige Handbewegung. «Geh schon, alles o. k.»

WIE ES SEIN KÖNNTE

Jerusalem sehnte den Regen herbei, seit langem vergeblich. Kalt war es und hatte sogar geschneit in der hochgelegenen Stadt, aber dieser Winter versagte seinen Dienst – das judäische Bergland und die Wüste zu tränken vor der großen Sommerhitze. Die Zitronenbäume in den Höfen und Konventen trugen schon Frucht, der Frühling kam aus der Ebene heraufgezogen, die Nächte konnten noch schneidend kalt sein, aber die Sonne schien jeden Tag wärmer. Nur der nährende Regen blieb aus.

An einem sonnig-kühlen Morgen ging ich durchs Jaffator in die Richtung von Kaiser Wilhelms Zeltlager, stieg eine neu angelegte Treppe hinab und stand Sekunden später in Jerusalems jüngster Attraktion, der Mamilla Avenue. Eine taufrische Ausgehmeile mit Cafés und Restaurants und Läden im europäischen Stil, ein Laufsteg zwischen dem uralten und dem neuen Jerusalem, begehbar von beiden verfeindeten Seiten, von Ost und West, und er wurde beschritten – von denen, die nach beider Überzeugung Feinde waren. Adas Kommentar fiel mir ein: «Ein Wunder! Mamilla ist ein Wunder.»

Ada lebte im jüdischen Viertel, wir kannten uns seit Jahren. Ihre Familiengeschichte und auch ihr eigenes Leben waren verwoben mit den Schicksalen Jerusalems. Adas Urgroßvater hatte im 19. Jahrhundert, als immer mehr reiche Bewohner der Altstadt Häuser und Villen westlich der Stadtmauer bauten, ein ganzes Viertel der neu entstehenden Weststadt gegründet. Adas Sohn hatte 2006 im Libanonkrieg in derselben Panzertruppe gedient und in derselben bitteren letzten Schlacht gekämpft, in der der Sohn des Schriftstellers David Grossman gefallen war. Und wenn Ada an ihrem Fenster stand, schaute sie auf die alten jüdischen Gräber am Ölberg. In einem erwartete ihr Großvater die Auferstehung.

Nachdem im Krieg von 1948 Jerusalems jüdisches Viertel von arabischen Truppen zerstört worden war und die ganze Altstadt jordanisch wurde, hatte Ada als junge Frau von Westjerusalems Dächern sehnsüchtig hinübergeschaut und im Ruinengewirr des jüdischen Viertels das verlorene Haus ihrer Familie gesucht – während die aus der Weststadt geflüchteten Griechen, Armenier und Moslems auf den Dächern der Altstadt standen und sich nach ihren verlorenen Villen in der Weststadt verzehrten. Ada kannte beide Seiten, beide Geschichten. Wenn sie Mamilla ein Wunder nannte, dann war es eines.

Was so viele wohlmeinende Friedensappelle, Friedensinitiativen, Friedenskonferenzen nicht geschafft hatten, schaffte die neue Shopping Mall spielend. *Shopping* hieß hier nicht *Shopping, Sir!* Es war nicht Touristenpflicht wie im Basar, es war eine Einladung. Hier kannst du ausgehen, bummeln, Freunde treffen. Hier fragt dich keiner nach dem Glauben, nach deinem Paß. Und die Einladung wurde angenommen, von früh bis spät waren die Cafés voller orthodoxer und weniger orthodoxer Juden – und Moslems. Männer und Frauen, letztere sorgfältig geschminkt und gekleidet, genossen den Tag und den guten Kaffee hier. Junge Frauen mit islamischem Kopftuch, junge Frauen unter der jüdischorthodoxen Perücke.

Und steckten am Nebentisch die zwei ihre Kopftuchköpfe zusammen, dann ging es nicht um Verschwörung – dann ging es um den jungen Mann, mit dem die eine, die al-Aqsa-Moschee auf ihrem Home Screen, über irgendeinen Kurznachrichtendienst flirtete. An einem anderen Tisch amerikanische Juden, am Tisch rechts ein griechischer Mönch mit seiner Familie, zu Besuch aus der Heimat. Dort drüben palaverten italienische Pilger. Wenn ich die Augen schloß, konnte ich mir einbilden, auf der Piazza von Santa Maria di Castellabate zu sitzen. Kurzum, Mamilla war unwiderstehlich in einer geteilten und nicht gerade für ihre Lebenslust berühmten Stadt.

Selten nur galt palästinensischen Flaneuren ein kurzer erstaunter Blick, mehr Befremden sah ich nie. Bis vor kurzem noch blieb jeder strikt in seiner Welt. In den Straßen Westjerusalems waren so gut wie keine Moslems unterwegs gewesen, vor den Cafés dort hatten Sicherheitsleute gestanden, oder es gab Sicherheitsschleusen wie auf dem Flughafen. Nichts davon in der Mamilla Mall. Hier ging jeder frei ein und aus – so frei, daß mir manchmal, wenn ich in der Sonne saß und dem lebhaften Betrieb zuschaute, Bilder in den Kopf krochen, Bilder aus den Nachrichten. Tatorte kurz nach der Detonation, herumliegende Körper, bärtige Männer, die Bahren im Laufschritt tragen, Sirenengeheul. Ich wischte die Bilder weg. Es war Frühling in Jerusalem, endlich Frühling.

In einem der Cafés nannte man seinen Vornamen und holte sich das Bestellte auf Zuruf ab. Diese Vornamen – den ganzen Tag über schwirrten sie durch die Luft, jüdische, arabische, christliche Namen. David! Mahmoud! Louis! Lea! Leyla! Anna! Und David, Mahmoud, Louis, Lea, Leyla, Anna gingen, wenn sie ihren Namen aus dem Lautsprecher hörten, nach vorn, holten sich ihren Cappuccino, ihr Sandwich, gingen zurück zu ihren Tischen, tranken den Cappuccino und aßen das Sandwich. Dieser überaus schlichte, anderswo nicht einmal bewußt registrierte Vorgang – er war das Wunder von Mamilla.

Gab es einen zweiten Ort in Jerusalem, an dem solche Namen aufgerufen wurden, solcherart gemischt, zu einem so friedfertigen Zweck wie dem, zusammen eine Kleinigkeit zu Mittag zu essen? In den Höfen der Wohnblocks sicher nicht, man wohnt streng getrennt. Auf den Schulhöfen auch nicht, man lernt, wenn möglich, getrennt. Und auf den Kasernenhöfen erst recht nicht.

«Klein-Europa» hatte Ada die Mall genannt. Das war freundlich gemeint, bewundernd, aber es war auch ein Spiegel. Es bedurfte nur einer leicht veränderten Sichtachse, um die Karikatur darin zu erkennen. Der Duft frischer Croissants hing in der Luft und eine Art von Musik, die aufgelegt wird, wenn es gilt, die Nerven zu beruhigen. Immer liedhaft, dazu Gitarre, Klavier. Bloß nichts Hartes, Nervöses. Manchmal hockte ein Straßenmusiker da und zupfte die Ukulele.

War das Europa – nur ja nichts Hartes, nur ja keine feste Form? Rieselnde Musik, lockere Kleidung, lockerer Umgang, Frühstück von früh bis spät. Die Mall zog auch Spott auf sich, der sarkastischste Spötter war Charly Effendi. Er nannte sie den Hofgang Ostjerusalems, eine Stunde Leichtsinn für die Mühseligen und Beladenen. Was nichts daran änderte, daß er am Hofgang teilnahm. Ab und zu sah er die Mall ganz gern, um dort seinen Café au lait zu trinken.

Ich kannte Leute aus alten Jerusalemer Familien, die sich strikt weigerten, den Westteil der Stadt zu betreten, seit Jahrzehnten schon, und die es Charly Effendi übelgenommen hätten, daß er hierherging – wenn er es ihnen gesagt hätte. Einen Friedhof hatte einer die Mamilla Mall genannt, errichtet auf dem darunter begrabenen arabischen Viertel.

Es stimmte, vor dem Jaffator hatte ein arabisches Ladenviertel gelegen, kleine Geschäfte für Dinge des täglichen Lebens. Es war abgerissen worden, statt seiner stand nun die Mamilla Mall hier. Charly Effendi kannte diese Vorgeschichte der neuen Spaßzone, aber für den Starrsinn mancher Freunde hatte er nur ein Lächeln übrig. «Ich habe gleich Hebräisch gelernt damals», sagte er mir, «ich lasse mich nicht auf das Niveau eines halbgebildeten Idioten herabdrücken.» So war er.

Er konnte aussehen wie ein Hafenwirt aus Marseille, wenn er breitbeinig angeschlendert kam, sein Matrosengrinsen im Gesicht, die Strickmütze auf dem Kopf, aber das war Camouflage. Er war ein armenischer Intellektueller durch und durch. Um sein Jerusalem zu kämpfen hieß für ihn, Jerusalem zu verstehen, und zwar besser als der Gegner. Alles lesen, alles wissen, alle Akteure kennen. Es hieß auch, die Sprache dessen zu beherrschen, der ihm den Grund und Boden streitig machte, auf dem er stand. Charly Effendis große Sorge galt der Zukunft seines armenischen Viertels. Immer wieder erzählte er mir, Teile des Viertels seien bei diversen Verhandlungen um eine Friedenslösung für Jerusalem schon auf den Tisch gekommen.

Ein armenischer Intellektueller, das hieß aber auch, er war klug genug, um zu wissen, daß die allzu Starren diejenigen sind, die als erste brechen. Zur Mamilla Mall hatte Charly Effendi zwei Haltungen, eine prinzipielle und eine kaffeehausbasierte: Sprach er grundsätzlich über die Mall, war sie die Straße der Versuchung – ein Angebot der Besatzer zur Kollaboration, bewundernswert geschickt vorgetragen, das mußte er ihnen lassen, aber doch ein korrumpierender Ort. Er saß dort und beobachtete kopfschüttelnd die jungen Palästinenser, die vorbeiflanierten, Einkaufstüten in der Hand. «Kein politisches Bewußtsein mehr, diese jungen Leute!»

Trafen wir uns aber am Jaffator und überlegten, wo wir unseren Kaffee trinken könnten, machte derselbe Charly Effendi eine Kopfbewegung zur Mall hin. Der Kaffee dort war gut, das ließ sich nicht leugnen. Ich zog ihn auf, inzwischen duzten wir uns. «Nun gönn doch den jungen Arabern ihren Latte macchiato. Was denen Mamilla ist, ist dir dein Paris.»

Mir war schon klar, wie er das Ganze sah. Die Stunde Leichtigkeit hier, diese Berlin-Mitte-Simulation am Jaffator, stillte eine Sehnsucht, eine sehr große, darum lief die Mall ja so gut. Der Wunsch nach etwas Leichtigkeit hier draußen vorm Tor war so stark, weil der Alltag hinter dem Jaffator alles andere als leicht war. Dennoch war die Leichtigkeit echt, das war das Vertrackte. Unmöglich, die jungen Israelis, die in den Läden und Cafés arbeiteten, nicht sympathisch zu finden. Ein gemeiner Trick der Israelis?

All die jungen Frauen, die ihre Gäste mit der stets gleichen Freundlichkeit zum Tisch führten, ob diese nun lange Bärte und Kippot trugen oder lange Mäntel und Kopftücher; all die jungen Männer, die kochten und bedienten und von Hand «Service not included» auf jede ausgedruckte Rechnung kritzelten – nie verloren sie die Geduld, großzügig verschenkten sie ihr Lächeln. Sie trugen mehr zum unwiderstehlichen Europagefühl bei als alle Croissants und Cappuccinos zusammen.

Einmal fragte ich einen jungen Kellner, ob es in seinem Café schon einmal Probleme zwischen jüdischen und arabischen Gästen gegeben habe. Ein knappes «Nein» war die Antwort. Die Frage irritierte ihn, ich sah es ihm an. Er fand sie fehl am Platz. Sie war es auch – und eben das war das Wunder von Mamilla.

ARABISCHE HÖHLE

Am darauffolgenden Tag ging ich in die andere Richtung und landete in der Gegenwelt. Vor dem Damaskustor vereinen sich zwei Straßen, der Souk Khan as-Zeit und die Al Wad Street. Ein einziger Menschenstrom, nur langsam kam ich voran auf das Tor zu. Männer, traditionell arabisch gekleidet oder in jenes Graubraun, das die Straßen vieler Städte des Südens und Ostens beherrscht und das den Mann, der es trägt, augenblicklich unsichtbar werden läßt, während die traditionelle Kleidung ihn fast immer schöner macht. Ich wich arabischen Matronen aus und den Karrenschiebern, den Arbeitsbienen der Souks. Manche schoben neue Ware herein, andere Abfall hinaus. Hinter jeder dieser abgenutzten, aber robusten Karren schleifte ein Gummireifen, um sich draufzustellen und abzubremsen. Hier aber, wo die Gasse ein Gefälle aufwies, rutschte der Karrenlenker auf dem Reifen mitsamt seiner Fracht das glitschige Pflaster hinab wie in unseren Ländern die Kinder auf ihrem Reifen über einen gefrorenen See. Ich wich am Boden hockenden Kräuterfrauen aus und arbeitete mich durch die Schreie der Händler, Geldwechsler, Kaffeesieder und zuletzt durch das dunkle Damaskustor, das größte und prächtigste von allen Toren Jerusalems. Gegenüber lag ein arabischer Markt, da wollte ich hin, ein Freund hatte mir gesagt, dort braue man einen guten Kaffee. Durch den Rauch des Spießbraters lief ich am Hummus-Mann vorüber, er schloß gerade sein Geschäft, denn es war schon Nachmittag, und Hummus ist das arabische Frühstück. Weiter lief ich, vorbei am

Schlachtgeruch, am Brotgeruch, am Duft frisch geschnittenen Holzes.

«Wieviel Zucker?» fragte der Kaffeesieder, ohne aufzuschauen. Ich schob ihm fünf Schekel hin, wartete, bis das Siederitual ausgeführt war. Eingießen, umgießen, nochmals umgießen, alles mit Schwung, aus einer fließenden Bewegung des hocherhobenen Arms heraus, bis zuletzt der so gewonnene, gewürzte Kaffee wie der Strahl aus dem Mund eines Brunnens in die Tasse rinnt, die hier ein Pappbecher vertrat. Ihn nahm ich und ging in die Höhle der Männer.

Da saßen sie auf ehemals weißen Plastikstühlen an abgenutzten Tischchen, die Kaffeetrinker, die Raucher, die Kartenspieler. Ein Stuhl war noch frei. Ich setzte mich dazu und nickte, man nickte gemessen zurück. Der erste Tisch spielte stumm, vier Männer, ganz hingegeben dem Krieg der Karten. Der zweite Tisch war lauter, jede gespielte Karte wurde kommentiert, diese vier spielten, um über das Spiel zu reden. Der dritte Tisch war der Tisch der Pathetiker. Zwei, drei Runden lang blieb es ruhig, aber es war die angespannte Ruhe vor dem Schrei. Der Stämmige mit der Schiebermütze stieß ihn aus, dabei quollen seine Augen hervor. Der Angeschrieene reagierte stoisch, er zuckte nicht mal mit der Augenbraue. Wieder gab es einen Moment angespannter Ruhe, dann aber war das Spiel aus, und die Hand des Siegers schoß vor, ein Hagerer mit Hakennase und weißem Käppi, sein Zeigefinger bohrte sich in des Besiegten Brust wie ein Bajonett, und in die Stille hinein ließ er einen erstaunlich laut und klar bratzenden triumphalen Mundfurz.

There's no joy in this city? Hier in der Kaffeehöhle war viel Spaß versammelt. Männerspaß. Spielfreude. Siegeslust.

Äußerlich war die Höhle so freudlos wie nur möglich, ein enges, niedriges Tonnengewölbe, wer groß von Gestalt war und an der Wand saß, mußte beim Aufstehen auf seinen Kopf achtgeben. Rohes Gemäuer, grob getüncht, mitgetüncht auch die wirr gesetzten Steckdosen, wie große tarnfarbene Käfer hockten sie auf den Wänden, beleuchtet wurde das alles von den üblichen Neonröhren des Südens.

Aber an der nackten Wand stand unsichtbar ein Wort, in schönstem kalligraphischem Arabisch: Wir sind hier. Wir waren hier. Wir werden hier sein. Wir saßen und spielten hier, als der Kalif Omar Jerusalem eroberte, wir blieben sitzen, als die Kreuzritter kamen, und spielten weiter, bis sie wieder fort waren, wir rauchten und tranken Kaffee, als die Sultane in Kairo und dann in Konstantinopel sich gelangweilt Bericht aus Jerusalem geben ließen, ihrer Provinzstadt irgendwo in der sandigen Armut zwischen dem prächtigen Kairo und dem reichen Damaskus. Wir horchten auf, als die Völker im fernen Europa aufeinanderschlugen, und spielten abermals weiter, wir spielten, als General Allenby in die Gegend kam, im ersten großen Krieg, und dann General Rommel, im zweiten. Und? Wir sind immer noch hier. Und wir werden hier sitzen und rauchen und spielen, wenn Männer, deren Namen heute noch niemand kennt, künftige Eroberer, künftige Sieger und Besiegte, sich ihrer Taten rühmen und ihre Tage beschließen werden, so wahr uns Gott helfe. *Inschallah!*

Die Schrift an der Wand hatte gute Aussichten, sich zu erfüllen. Denn so wie die Höhle, in der die Heilige Familie sich auf ihrer Flucht nach Ägypten vor dem kindermordenden Herodes verbarg, von Spinnweb verhüllt und vor Herodes' Soldaten geschützt wurde, so wurde diese Höhle geschützt von ihrer gläsernen Tür, so dreckig, so verschmiert, daß kaum mehr Tageslicht einzudringen vermochte, geschweige denn der Blick etwaiger Verfolger.

In der Höhle ließ es sich leben. Nicht nur für Kaffee und Tee war gesorgt, den besten von Jerusalem, alle paar Minuten erschien der Sieder mit frisch gefüllten Bechern und verteilte sie auf die Spieltische – nein, auch für einen guten Haarschnitt und eine saubere Rasur. Im Hintergrund der Höhle saß gerade einer der Männer dem Barbier Porträt, so lange, bis dieser mit ihm zufrieden war. Dann kehrte der frisch Rasierte an seinen Spieltisch zurück, und der Barbier packte seine Scherinstrumente in eine bemerkenswert schöne braune Ledertasche und verließ die Höhle, ein lebender Beweis seiner Kunst. Hochgewachsen und ernst, wie er war, mit sorgfältig gestutztem Bart, der aus dem Pelzgekräusel seiner hohen kaukasischen Kappe herauszuwachsen schien, sah er aus wie ein wandernder, in vielen Künsten bewanderter Arzt, der nicht nur Schröpfköpfe zu setzen, Kinder zur Welt zu holen und Schußwunden zu versorgen wußte, sondern durchaus auch, in eine Höhle wie diese gerufen, das Rasiermesser zu führen verstand.

DER RABE AN MEINEM FENSTER

Eine Weile war ich nun schon in Jerusalem, und immer noch war das erste, nachdem ich, oft vor Kälte, frühmorgens in meinem Steingrab erwacht war, der Blick aus dem Fenster.

Hart unter mir lag das Bad des Patriarchen, ein großer, von den Rückfronten der umgebenden Häuser lückenlos eingefaßter ehemaliger Teich. Es mußte wohltuend gewesen sein, einst in heißen Sommern über seinem kühlen Wasser zu sitzen, viele Häuser hatten Balkone zum Teich hin, der aber war schon lange nahezu ausgetrocknet, und so hingen die Balkone in der Luft wie verlassene Schwalbennester und verfielen langsam.

Die nördliche Hälfte der traurigen Teichbrache beschien tagsüber die Sonne, seine südliche Hälfte aber, die unter meinem Fenster, war ein schattiger Morast, in den nie ein Sonnenstrahl fiel und in dem allerlei Unrat schwamm. Manchmal beobachtete ich eine Katze, wie sie den Sumpf nach Freßbarem absuchte, und die äußerste Vorsicht, mit der sie die Tatze auf eine verrottende Planke setzte oder von Stein zu Stein sprang, machte mir den Anblick der schlammgrauen, hier und da giftgrün schillernden Teichleiche nicht angenehmer.

Das Hostel, in dem ich wohnte, war ein wenig wie der Teich, über dem es lag. So wie dieser einmal ein angenehmer Ort gewesen sein mußte, so war mein Hostel einmal das beste Hotel von Jerusalem gewesen, das «Mediterranian». Die Hotels von Jerusalem entstanden im 19. Jahrhundert, als die christlichen Staaten Europas begannen, sich wieder stärker für das Heilige Land zu interessieren. Reisen nach Jerusalem nahmen einen Aufschwung, sei es aus Frömmigkeit – manche russischen Pilger wanderten gar zu Fuß nach Jerusalem – oder zum Vergnügen, mitunter gepaart mit diplomatisch-militärischen Absichten, denn das Osmanische Reich, zu dem das Heilige Land nach wie vor gehörte, zeigte verführerische Risse.

Einer der ersten Gäste des frisch eröffneten «Mediterranean Hotel» war ein englischer Seeoffizier mit dem operettenhaften Namen Augustus Adolphus Lyne. Die Reise von der Küste herauf nach Jerusalem war um die Mitte des 19. Jahrhunderts noch recht beschwerlich, und so kam Lyne sehr erschöpft und von Rückenschmerzen geplagt hier an. Um so erfreuter war er, gleich hinter dem Jaffator ein exzellentes Hotel vorzufinden. Nach seiner Rückkehr nach London, 1872, brachte er seine Reiseabenteuer als Buch heraus.

«Das Mediterranean Hotel ist ein sehr schönes, geräumiges, und was mehr zählt als alles andere – ein sauberes, gut geführtes Haus. Die Aussicht von seinem Dach ist ein Bild, wert, betrachtet zu werden, wer es einmal sah, wird es so leicht nicht vergessen.» Lyne lobte die Zimmer, angeordnet um eine zum Himmel hin offene Galerie, die Staub und Hitze wehrenden und so stets für frische Luft sorgenden Vorhänge in den offenstehenden Türen, die Moskitonetze, das Essen, die Bedienung und sogar die anderen Gäste, durchweg interessante, unterhaltsame Leute. Anders als sonst in Hotels in Syrien habe im Jerusalemer «Mediterranean» die Glocke gefehlt, um einen Hotelangestellten zu rufen. «Hier ist es üblich, in die Hände zu klatschen, und es erweist sich als sehr effektiv, ein ‹Yes, Sare› ist die prompte Antwort.»

Ich las das Buch auf meinem Eisenbett. An dieser Stelle klappte ich es zu und klatschte in die Hände. Aber nichts geschah. Nur der Rabe, der seit Tagen ein aus der Außenwand meines Zimmers heraushängendes Kabel als seinen Jagdsitz besetzt hielt, von dem aus er den morastigen Teich nach Beute ausspähte – der alte Rabe flog auf von meinem Klatschen, ein großes, zerzaustes Tier, flog eine Runde über den

Teich des Patriarchen und kehrte zu seinem Sitz bei meinem Fenster zurück. Das war alles.

Die jungen Männer, die den ganzen Tag hinter der Rezeption auf der ersten Etage lungerten, in Spiele auf ihren Handys vertieft, reagierten ja kaum auf mich, wenn ich kam und ging, und auf ein Klatschen aus irgendeinem Zimmer schon gar nicht. Selbst eine syrische Glocke hätte sie nicht aufgestört. Und die von Lyne so geschätzte *Table d'hôte*? Ein böser Dschinn hatte sie in ein liebloses arabisches Frühstück verhext, das allmorgendlich, wenn die Sonne die Dachterrasse erwärmte, in einem dort oben errichteten Häuschen hingestellt wurde. Ein arabisches Frühstück konnte herrlich sein, und das herrlichste gab es beim Hummus-Mann auf dem Musrara-Markt. Alles jeden Morgen neu zubereitet, die Kichererbsen frisch aus Jericho, das Olivenöl fruchtig, ein Schuß Zitrone, eine viertel Zwiebel, scharf eingelegte Gurkenscheiben, so konnte der Tag beginnen. Und war die frische Ware verkauft, dann schloß der Hummus-Mann seinen Laden, dann war die Frühstückszeit um. Was für ein Unterschied. Hier auf dem Dach war nichts frisch, jeden Morgen wurden uns die traurigen Reste früherer Frühstücke auf ein Brett im Dachhäuschen hingestellt. Ich nahm nie davon, auch nicht, wenn ich hungrig war, ich konnte mich einfach nicht überwinden.

Das einzige aus Lynes Reisebericht, das ich ganz ohne Verlust wiedererkannte, war der Ausblick von der Dachterrasse. Jerusalem lag vor mir, das steinerne, weiße, im gleißenden Licht der Tage kniff ich die Augen zusammen vor seinem Strahlen, in der Dämmerung flammte das neongrüne Leuchten der Minarette auf, immer dann, wenn aus ihnen der Ruf zum Gebet platzte – die frommen Lanzen stachen als einzige

Vertikalen aus dem Kuppelgelände der Altstadt heraus. Das Hosteldach zeigte mir Jerusalem im Zauber des anbrechenden und des verglühenden Tages.

Morgens setzte der erste Sonnenstrahl eines der vielen Kreuze auf den Kuppeln der Stadt in Brand – ein russisches Kreuz, wie ich später herausfand, das der Alexander-Newski-Kirche. Es brannte wie flüssiges Magma. Dann erst erglühte die goldene Kuppel der al-Aqsa-Moschee. Für ihre Vergoldung, so ging ein Gerücht, hat König Hussein, der sich als Hüter der moslemischen heiligen Stätten Jerusalems verstand, angeblich ein Haus in London verkauft.

Auch was die Gäste anging, deren Gesellschaft Lyne so genossen hatte, blieb sein Bericht eine ferne Erinnerung. Anfangs war ich der einzige Gast des Hostels, das vereinfachte die Sache. Als es milder wurde, füllten sich die Zimmer, ich hörte die neuen Gäste palavern und hantieren, wenn sie in der Dunkelheit heimkamen, manchmal hörte ich auch heftige Wortwechsel in der Nacht. Wer diese Gäste waren, erfuhr ich erst, als ich eines frühen Morgens einen von ihnen auf dem Dach traf.

Pilger aus Kasan seien sie, erzählte sie mir. Kasan an der Wolga. Auch der Priester der Gruppe kam aufs Dach herauf, ein junger bäuerlicher Typ mit Apfelbäckchen, sein rotblondes Haar hing ihm, ungeschnitten zum Zopf gebunden, den Rücken herab. In Kasan war ich einmal an Land gegangen während einer langen Fahrt auf der Wolga von Samara im Süden bis Jaroslawl nördlich von Moskau. Es war eine Doppelstadt, ich war durch das moslemische Kasan gelaufen und durch das christliche und erinnerte mich nun, daß damals regelmäßig Pilgerflugzeuge von Kasan nach Mekka geflogen waren. «Ja», lachte die Kasanerin, «und nun fliegen sie nach Jerusalem.» Später am Tag traf ich sie alle in der Grabeskirche wieder und an den folgenden Tagen auch. Es waren keine Touristen, es waren wirklich Pilger.

Dann geschah etwas Seltsames. Als ich eines Nachmittags ins Hostel zurückkehrte, standen im Eingang drei auffällige Männer. Einer sah aus wie ein Anwalt. Anzug, Krawatte, Aktentasche. Er wirkte angespannt. Der zweite, ein langer Kerl, hatte einen Fotoapparat in der Hand und etwas von einem Zivilpolizisten an sich. Der dritte und kleinste von allen sah aus wie ein Siedler. Er trug Jeans und eine weiße Siedlerkippa und hatte eine Art dazustehen und sich zu bewegen wie einer, der weiß, daß hier bald alles ganz anders kommt. Bewaffnet war er aber nicht. Der, den ich für einen Anwalt hielt, telefonierte die ganze Zeit, und der, den ich für einen Siedler hielt, telefonierte auch. Jetzt hatten sie genug telefoniert und stiegen alle drei die steile Treppe hinauf ins Hostel.

Ich ging hinterher, setzte mich zum erstenmal, seitdem ich hier wohnte, in einen der schäbigen Sessel vor der Rezeption, gespannt, wie es weiterging. Eine Dreiviertelstunde saß ich da, so lange brauchten die drei, um Zimmer für Zimmer, Winkel für Winkel, Nische für Nische allein dieser Etage zu begutachten. Wer waren diese Leute, was taten sie hier? Der Lange fotografierte alles. Der Kleine ließ sich alles zeigen, stellte Fragen, manchmal routiniert, fast gleichgültig, dann wieder scharf, zog hier eine Tür auf, dort eine Schublade, nahm ein Blatt zur Hand, ein Angebot für Tagesausflüge ins christliche Bethlehem oder zum israelischen Nationalheiligtum Masada. Als er das sah, grinste er, las das Wort halblaut – «Masada!» –

und legte das Blatt wieder hin. Palästinenser, die ihren Gästen einen Trip nach Masada anboten, das fand er kurios.

Nun wurde ich aufgefordert, mein Zimmer aufzuschließen und es den dreien zu zeigen. Sie betraten es, der Lange fotografierte es ausgiebig, der Kleine wünschte mir auf Englisch einen guten Morgen. Es war fast Abend. Ich wünschte ihm eine gute Nacht.

Als sie fort waren, sprach ich den jungen Mann an, der sie herumgeführt hatte oder vielmehr ihnen durch sein eigenes Hostel gefolgt war. Es war der, der Tag für Tag mit Freunden hinter der Rezeption saß und Spiele spielte. Er war aschfahl. Angespannt und wortlos hatte er die drei vor einer Stunde empfangen, jetzt schaute er finster drein, seine Lippen waren ein Strich im Gesicht. Ich fragte ihn geradeheraus, ob das Siedler gewesen seien, die es auf sein Hostel abgesehen hätten.

Er warf mir einen wütenden Blick zu. Nein, sagte er, das seien Leute von einer städtischen Behörde gewesen, es habe Probleme gegeben, darum seien sie gekommen. Ich glaubte ihm nicht. Seine Antwort klang ausweichend. Er wollte nicht darüber reden. Er ging. Bevor die Tür hinter ihm ins Schloß fiel, rief er mir noch zu: «Keiner wirft mich hier heraus. Ich werde hier sterben!» Es klang wütend, es klang wild entschlossen, es klang verzweifelt.

EINE ZIGARETTE

Mit den vier Vierteln des alten Jerusalem ging es mir so: Das kleinste, das armenische, schien mir ein zu intimer Ort, als daß ich lange darin hätte herumlaufen können. Es wird beherrscht vom hoch ummauerten armenischen Konvent mit dem Palast des Patriarchen, dem Kloster und der Jakobuskirche. Manchmal saß ich in einem seiner Höfe in der Sonne, um auf Charly Effendi zu warten oder einfach nur zu meinem Vergnügen. Auch die Kirche der Armenier besuchte ich gern, ihre Messe war wunderbar schwer und feierlich, schwer wie der Vorhang, den ich aufschlagen mußte, um die Jakobuskirche zu betreten, schwer wie armenischer Wein.

Das arabische Viertel war mir das fremdeste. Auch darin spazierte man nicht stundenlang unbefangen umher, aber seine Intimität kam nicht daher, daß es klein gewesen wäre. Es war das größte der vier Viertel und darum das bewohnteste, alltäglichste, zugleich aber auch dunkelste, verwinkeltste, am wenigsten modernisierte. Eine arabische Stadt in der Stadt. Schneller als im Christenviertel mit seinen Klöstern, Kirchen und Pilgerherbergen und vielen Fremden in den Gassen stellte sich im arabischen Viertel das Gefühl ein, nicht hierherzugehören, ja zu stören. Im Christenviertel war mir bald jede Ecke vertraut.

Mit dem jüdischen Viertel war es wieder anders. Weil die Araber nach 1948 so viele Häuser zerstört hatten, war vieles nach 1967 neu gebaut worden, zwar im traditionellen jerusalemitischen Kalksteinstil, aber die neuen Mauern waren eben doch gerader als die alten, alles wirkte heller und heiterer als in den uralten Gegenden der Stadt. Ich lief gern dort herum, nicht nur auf der Suche nach dem verlorenen Fenster. Es war immer ein Auf- und Abstieg, denn das jüdische Viertel steigt vom tiefliegenden Vorplatz der Klagemauer steil hügelan. Es war noch belebter als das christliche Viertel, noch internationaler, ich hörte viel Amerikanisch und kam auf Schritt und Tritt an Religionsschulen vorüber.

Vor einer solchen Jeschiwa, einer ganz kleinen, stand ein junger Mann und rauchte. Er stand auf der steinernen Terrasse, an der die Jeschiwa lag, und gönnte sich eine Pause vom Thorastudium. Durch die offene Tür hinter ihm sah ich andere junge Männer in einer engen Stube über ihren Büchern sitzen. Wir nickten uns zu, er war keiner der ganz in sich Gekehrten, er hatte ein offenes Gesicht und war auch nicht streng schwarz gekleidet. Ich fragte ihn, wo er her sei, ich hielt ihn für einen der vielen jungen Leute, die für ein paar Monate oder ein Jahr nach Jerusalem kommen, um in der Stadt der Vorväter ihre Religion zu studieren.

«Nein, nein», sagte er, «ich bin von hier, ich bin hier geboren.» Und im Handumdrehen waren wir bei den großen Fragen. Der Zionismus, Jerusalem, der Tempel. Er hörte mir zu, und dann lachte er, als ich mein angelesenes Wissen auspackte und das Judentum der Tempelzeit dem Synagogenjudentum danach entgegenstellte.

«So geht das nicht!» unterbrach er mich. «Der Tempel war zerstört, ja, aber nie aus dem Sinn. Wir haben immer zum Tempel hin gebetet in unserem langen, langen Exil. Jerusalem war unsere Sehnsucht, und wonach denn? Was zog uns denn zweitausend Jahre lang so sehr nach Jerusalem, daß mancher es nicht mehr aushielt und wirklich loszog, was war es denn, das so mächtig an uns riß? Ein Haus vielleicht, ein Stück Land? Nein, es war der Tempel – er war doch unsere Sehnsucht.»

Wir standen nebeneinander und redeten in die Kuppeln und Dächer, in den durchglühten Abendhimmel hinein. Ich schaute ihn an und sah, er glühte auch, seine Augen, sein junges Gesicht. «Und diese Sehnsucht», fuhr er fort, «die viele im Exil für eine schmerzliche Illusion hielten, für etwas, das man ablegen und aufgeben müsse – sie hat sich nun auf wunderbare Weise erfüllt, in der Gründung des jüdischen Staates. Was für ein Zeichen, was für eine Zeit, in der wir leben! Ein Wunder!»

Seine Zigarette war aufgeraucht. Er trat sie aus. Ich schwieg, was hätte ich auch sagen sollen. «Weißt du», sagte er, bevor er wieder hineinging, «diese ganzen Ideen unserer Staatsgründer, der gute alte Zionismus meiner Großeltern und so weiter, ich glaube, das mußte alles so sein. Manchmal braucht es einen Schuhlöffel, um hineinzukommen. Aber jetzt stehen und gehen wir in unseren Schuhen und brauchen den Löffel nicht mehr. Jetzt begreifen wir, wo wir hier sind, was uns geschehen ist und was es bedeutet.» Auf halbem Weg wandte er sich noch einmal um, lachend. «Ein Wunder, Mann, ein Wunder!»

II. DAS OLEANDERHAUS

GRIECHISCHES DORF

Ich hatte mir eine Jacke für Jerusalem gekauft, einen Janker mit Hirschhornknöpfen, und er funktionierte. Schon nach wenigen Tagen musterte der Basar den Jankermann aus der Menge der vorüberströmenden Ziele aus. Er gehörte keiner Gruppe an und verschwand auch nicht nach drei Tagen wieder wie jene. Nach einer Woche lief der Janker noch immer durch Jerusalem, und nach einem Monat auch noch, und es scholl mir nicht mehr das handelsübliche «Shopping, Sir, see my shop!» entgegen, nun riefen die Händler, wenn sie mich kommen sahen: «Grüß Gott!»

Selbst große Virtuosen – die besten unter ihnen sprachen die Pilger in sechs, sieben Weltsprachen an, beinah akzentfrei – schienen ganz froh über das bißchen Abwechslung, das ihnen mein Auftritt bot. Und ich war froh, nicht mehr Spießruten laufen zu müssen. Ich förderte den Sinneswandel, indem ich ab und zu vor einem Laden stehenblieb und über das Wetter plauderte und über die Geschäfte und nebenher fallenließ, daß ich gleich um die Ecke wohnte. Das stimmte, denn ich war umgezogen. Nach Wochen im Steingrab hatte mir ein Bekannter ein kleines Haus mitten im christlichen Viertel besorgt, im griechisch-orthodoxen Konvent «Agios Michail».

An dem halbverrotteten Holztor, aus dem ich nun morgens kam, ging achtlos vorüber, wer sich nicht auskannte.

Der Luke zu irgendeinem Kellerloch sah es ähnlicher als dem Tor zu einer kleinen Stadt in der Stadt. Bis 1948, erzählte mir ein Nachbar, sei das Tor noch jeden Abend zugesperrt und erst am nächsten Morgen wieder aufgeschlossen worden, wie ein Kloster. Und es hatten ja in den letzten Jahrhunderten neben Jerusalemer Christen auch viele Pilger in diesen Konventen auf Zeit gewohnt. Alle Konvente waren noch einmal mit einer Mauer umgeben gewesen, deren Tor auch nachts verschlossen wurde, um sich gegen Räuber, Beduinen und andere ungebetene Besucher zu schützen.

Als nach der Teilung Jerusalems 1948 Flüchtlinge aus Westjerusalem ins christliche Viertel strömten, auch in die Konvente, lockerte sich das strenge Torregime. Die Leute wollten sich nach Einbruch der Dunkelheit besuchen können und erhielten die Schlüssel, und irgendwann ließ man die Tore über Nacht offen. Meines sah aus, als hänge es seitdem unbewegt in seinen rostigen Angeln, beim Versuch, es noch einmal zu bewegen auf seine alten Tage, wäre es wohl zusammengebrochen.

Es mußte gar nicht geschlossen sein, um Fremde abzuschrecken. Wer neugierig genug war, die glitschigen Stufen hinabzusteigen und sich in das finstere Tunnelgewölbe hinter dem Tor zu wagen, ein paar Schritte nur, den schreckten spätestens die Gerüche in der modrigen Düsternis ab, in der er jetzt stand, und er machte kehrt, ohne gesehen zu haben, was hinter dem Steinschlund im hellen Licht lag – ein griechisches Dorf.

Zwei Dutzend Familien lebten im Konvent des heiligen Michael, und mancher hatte sein Haus in dem strahlenden Blau getüncht, das man auf den griechischen Inseln findet, und wie dort wuchs auf den Flachdächern eine Macchia aus Antennen, Wassertanks und Klimageräten, und die Pfade durchs Dorf waren von Töpfen und Eimern gesäumt, in denen sich Mimosen, Feigen und blaue Lilien der Sonne entgegenreckten, aus handtellergroßen Löchern im Beton wuchsen Zitronenbäumchen.

Mein Haus hütete ein großer Oleander. Jeden Morgen fand ich einen gelblichen Saum vor meiner Tür, der Nachtwind hatte den schönen, giftigen Busch zerzaust und mir seine Samenwatte vor die Füße gefegt. Wie tief es ins Dorf hineinging. Erst unter den Zinnen der osmanischen Stadtmauer endete der verwinkelte Konvent. Manche seiner Häuschen besaßen winzige Gärten, ein paar lagen in Ruinen, verbunden war das alles durch Stiegen und Treppen, Gänge und Durchgänge. So wie ganz Jerusalem ein mehrschichtiges Gehäuse ist, so war es auch mein dorfstiller Konvent, seine Häuschen standen nicht nur nebeneinander, sie schichteten sich auf drei Ebenen. Beseelt wurde das alles durch Agios Michail.

Dem Erzengel war die kleine Kirche geweiht, der Mittelpunkt des Konvents, der ja ursprünglich ein klösterlicher Ort gewesen war. Früher habe ein Priester hier gelebt, erzählten meine Nachbarn, heute sei die Kirche gewöhnlich verschlossen und werde nur noch an Feiertagen geöffnet. Ich hatte mir eine ärmliche, verstaubte Kapelle vorgestellt. Aber als ich eines Tages heimkam und ihre Tür offen fand, sah ich den Irrtum ein. Helles Sonnenlicht fiel auf den Goldglanz der Ikonen, und keineswegs tanzte der Staub darin. So sauber und gut erhalten war alles, als werde der Erzengel jeden Moment in seiner Kirche erwartet. Ich hatte die griechische Frömmigkeit unterschätzt, der heilige Michael besaß das bei weitem schönste, prächtigste Haus im Konvent.

Wieder lagen Welten Wand an Wand. Das griechische Dorf stieß an die römische Terra Santa – Ost an West, Konstantinopel an Rom. Und wieder las ich die Steine. Alle paar Schritte blieb ich vor einem großen, glattgetretenen Quader stehen, in den vor Generationen ein Konventbewohner seinen griechischen Namen geritzt hatte. An meiner Tür stand auch einer, aber er war arabisch geschrieben – der Hausherr hatte seine Frau in einem christlichen Ort im Westjordanland gefunden.

Auch wenn ich die Augen schloß, blieb ich im griechischen Dorf. Irgendwo jauchzte ein Kind. Tauben gurrten. Eine der vielen Katzen flehte von einer Ruine herab um Futter. Ein Telefon schellte auf so altmodische Weise, als sei es der einzige Apparat im Dorf, und keiner nahm ab, als sei der Angerufene, ich stellte ihn mir als den Dorfarzt vor, gerade ins *Kafenion* gegangen, um mit den alten Männern zu plaudern. Ging ich morgens durch den Konvent, traf ich kleine alte Frauen ganz in Schwarz wie auf den ägäischen Inseln und erwiderte ihr «Kalimera!».

Ich streifte durch viele Konvente, lateinische, armenische und byzantinische samt kleiner Kirche, durch arabische und jüdische Wohnhöfe – sie glichen einander. Jeder ein kleines Jerusalem, ein christliches, arabisches oder jüdisches *en miniature*. Von meinem Konvent hieß es, er gehe auf die Kreuzritter zurück. Der Schutz, den diese Wehrhöfe boten, hatte verfolgte Landsleute und Glaubensgenossen in immer neuen Wellen angelockt, zuletzt – vor hundert Jahren – Armenier und Griechen. Als die Jungtürken darangingen, das Vielvölkerreich der Sultane in eine Nation umzuschmelzen, ermordeten sie nicht nur die christlichen Armenier, sie vertrieben auch die Griechen, die in den Küstenstädten des Osmanischen Reiches lebten. Viele flohen nach Griechenland, andere nach Jerusalem wie ihre armenischen Schicksalsgenossen. Beide besaßen alte Verbindungen hierher, manche griechische oder armenische Familie hatte Verwandtschaft in Jerusalem.

Sogar auf mich, den niemand verfolgte, wirkte die Schutzmacht des Konvents noch nach. Bei Tage war es mein Vergnügen, urplötzlich mit einem Ausfallschritt von der Gasse in der düsteren Torhöhle zu verschwinden, spurlos wie ein Geist. Und kam ich nachts heim, spürte ich die andere Luft, die andere Stille, in die ich eintrat. Sollte sich draußen auflauern und bekriegen, wer wollte, hier drinnen war ich sicher, nun umfing mich schützend die Mauer, die schon so viele geschützt hatte.

Und wenn früh der Gebetsruf erscholl, noch in tiefster Schwärze, war ich ihm nicht mehr ausgesetzt wie in der hochgelegenen Steinkammer. Jetzt lag ich tief im Gehäuse, tief in der Stadt, die ich in der ersten Zeit aus meinem Fensterloch beobachtet hatte – wie sie sich wegduckte unterm Geheul. Eine hohe Nachtwolke, so zog es jetzt über mich hin, ein Wind in der Höhe.

WARTEN AUF MRS. NORA

Ich wartete auf eine Dame, die sich leider verspäten würde, wie sie mir telefonisch ausrichten ließ. Ich erwartete sie in einem Geschäft nahe bei meinem Konvent, kein normaler Jerusalemer Laden, dazu war er zu teuer. Handarbeiten aus Bethlehem, kunstvoll bestickte Kleider im traditionellen Stil, wurden hier zu Preisen verkauft, die eine sachverständige und solvente Kundschaft voraussetzten.

Und Mrs. Nora, auf die ich wartete, war keine normale Jerusalemerin, schon auf den ersten Blick nicht, dafür war sie zu teuer angezogen. Nie hätte sie ihr Haus verlassen, ohne perfekt gekleidet, geschminkt und frisiert zu sein. In einer Stadt der Kopftücher und Schleier mußte sie auffallen, und so war es. Alles schaute auf, wenn sie hereinkam. Ich hatte sie bei einer Abendgesellschaft kennengelernt, Charly Effendi hatte mich ihr vorgestellt. Er und seine Freunde umringten sie wie Jungen das schönste Mädchen beim Schulball. Dabei war sie etliche Dekaden vom Mädchenalter entfernt.

Es machte mir Spaß, Männer wie ihn zu beobachten, wenn sie ihr begegneten oder auch nur von ihr sprachen. Ihre Stimmen lagen dann ein, zwei Töne höher als sonst und gewannen ein Timbre, das ich den alten Hagestolzen nicht zugetraut hätte. Kurzum, Nora paßte eher nach London oder Paris als in die Souks von Jerusalem – oder vielmehr nach New York, denn sie besaß auch ein Haus in Amerika und lebte abwechselnd hier und dort. Mit einer wie ihr rechnete man nicht in Jerusalem, nicht in der Altstadt jedenfalls, das machte einen Teil ihrer Wirkung aus, und sie wußte es.

Dieses Hier und Dort war auch in ihr. Als wir einmal über Amerika sprachen, regte sie sich über den westlichen Feminismus auf. «Ich nenne mich selbst eine Feministin, ich finde vieles gut, was man in Amerika und Europa tut, das ganze soziale, gesellige Leben um die Kirchen herum – aber wenn ich vor den Altar gehe, und da teilt eine schwangere Priesterin die Hostie aus oder eine auf High-Heels, lachen Sie nicht, das habe ich alles erlebt, das ertrage ich nicht! Das will ich nicht! Der Ritus selbst muß seinen Ernst haben, seine Reinheit und Würde bewahren, es ist nicht irgendein Fest oder ein Verein. Wir sind die älteste christliche Kirche, damit spielt man nicht.»

Der Ritus muß rein bleiben, sie sprach wie eine italienische oder französische Adelige aus alter katholischer Familie. So etwa war es auch, nur daß sie aus einer einstmals reichen griechisch-orthodoxen Jerusalemer Familie stammte. Alle, die ich kannte, nannten sie Nora, und sie hatte viele Ideen. Ein Museum hatte sie gegründet, um die Erinnerung an das Jerusalem ihrer Jugend wachzuhalten, und auch diesen Laden, in dem ich wartete, um Frauen aus christlichen Orten des Westjordanlandes, die solche traditionellen Kleider schneiderten und aufwendig bestickten, in Kontakt mit einer internationalen Kundschaft zu bringen, die bereit war, deutlich höhere Preise dafür zu zahlen als für billige Kopien im Basar. Nora war unermüdlich für ihre vielen Ideen unterwegs, kein Wunder, wenn sie sich einmal verspätete.

Die Chefin des Ladens bewirtete mich mit Kaffee und Gebäck und tat ihr Bestes, um mich zu unterhalten. Als ich sagte, wo ich wohne, freute sie sich. «Was, im Agios Michail? Da wohnt doch meine Freundin, die auch hier im Laden arbeitet, sie muß gleich kommen.» So plauderten wir, aber nicht lange, denn bald kam sie auf ihr Herzensthema – ihre Tochter in Amerika, eine Ärztin. Sie habe dort ihr Glück gefunden, dem Herrn sei Dank, sie habe viel gebetet für sie. Der Anfang sei schwer gewesen, man habe der Tochter nur einfache Arbeiten zugetraut in der Klinik in Atlanta, in der sie arbeite, bis eines Tages dieser irakische Patient eingeliefert worden sei. «Todkrank war der junge Mann, es war akut, er wäre fast gestorben, weil seine Eltern den Ärzten nicht erklären konnten, was ihm fehlte, sie sprachen ja nur Arabisch, was in der Klinik niemand verstand.» Da habe die Stunde der Tochter geschlagen. Sie, die außer Englisch und Hebräisch natürlich auch ihr Jerusalemer Arabisch spreche, habe die Situation und den jungen Mann gerettet. Dafür sei sie belobigt und auch befördert worden, es gehe ihr nun gut in der Klinik und in Amerika. «Stellen Sie sich vor, meine Tochter leitet jetzt eine Abteilung. Und denken Sie nur, die Mutter des jungen Irakers hat ihr einen Armreif aus purem Gold geschenkt, weil sie ihrem Sohn das Leben gerettet hat.»

Sie strahlte vor Glück und Stolz, und plötzlich seufzte sie – die einzige Tochter, und so weit fort mußte sie gehen. «Amerika! Für mich ist es schwer, aber für sie ist es besser so. Wer jung und begabt ist in unseren Familien, der geht. Wer bleibt, wird Kellner in einem Pilgerhotel, das ist das Höchste, was unsere jungen Leute erreichen können. Sie, eine Tochter aus christlich-palästinensischer Familie, was hätte denn hier aus ihr werden sollen – eine Kellnerin mehr?» Das Telefon ging. Nora ließ ausrichten, sie schaffe es nicht, heute herzukommen, wir verabredeten uns für ein andermal.

GOLGATHA, FRÜH UM SIEBEN

Ich wohnte nun nahe bei der Grabeskirche. Ging ich nach links aus meinem Konvent, war ich in ein paar Minuten dort. Wie ich diese Nachbarschaft zu Golgatha und zum Grab empfand, diese geradezu dörfliche Grüßnähe, hing von der Tageszeit ab.

Sobald die Morgensonne höher stieg und der tägliche Trubel seinen Lauf nahm, der Andrang der Gruppen aus aller Welt im Vorhof der Grabeskirche, suchte ich mir einen Platz in der Wärme. Am liebsten saß ich auf der obersten Stufe der Steintreppe neben ihrem Tor und schaute dem Treiben zu – Guides mühten sich, Wimpel und Fähnchen hochhaltend oder einfach irgendwas Buntes, auf einen Stock gesteckt, ihre Scharen aus Seoul, Piacenza oder Boston um diese Zeichen zu sammeln und sie in die schon vormittags völlig überfüllte Grabeskirche zu führen. Hatte die Sonne mich aufgewärmt, zog ich weiter. Hinein ging ich jetzt nicht, ich hatte es versucht, aber es lag mir nicht, der Ansturm wurde übermächtig, ich sah und hörte und empfand kaum mehr als das Menschengedränge selbst.

In der Frühe zu kommen war etwas anderes. Ich lief die menschenleere St. Francis Street hinab, bog in die Stille der Christian Quarter Street ein, alle Blechläden waren noch verschlossen, dann noch an Kalif Omars Moschee vorbei und trat ins tagundnachtgleiche Dunkel der Kirche. Irgendwo Schritte hinter den mächtigen Säulen. Ferner Gesang. Dort ein verspäteter Mönch, unterwegs zur Frühmesse. Auf einmal hatte ich Ohren zu hören und Augen zu sehen.

Wie roh die Basilika war, überhaupt nicht schön. Wie schlecht beleuchtet, eigentlich gar nicht. Nur Kerzen, doppelt mannshohe vor dem Grab, hängende Leuchter auf Golgatha. Diese Lichter dienten der Anbetung, nicht der guten Sicht auf die heiligsten Orte. Nichts war darauf aus, Wirkung zu erzielen, am allerwenigsten die Mönche. Die Bedeutung des Wortes Gottesdienst ging mir auf. Sie versahen den Dienst, die Dienste, die hier erforderlich waren.

Die Griechen hüteten das Grab und feierten jede Nacht gegen elf ihre Messe, die Franziskaner zogen jeden Nachmittag um vier in einer Prozession durch die ganze Kirche und feierten ihre Messe früh um sieben. Das alles geschah in zweitausendjährigem Ernst, völlig unbekümmert darum, ob Gläubige sich anschlossen oder nicht. Es war das, was zu tun war, egal, wie viele mitgingen oder wie wenige. So war es immer gewesen, so würde es immer sein. Ein Dienst nicht an den vielen aus aller Welt, ein Dienst an dem, dessentwegen sie alle kamen.

Roh, nicht schön, so wie das Dutzend abgenutzter, aneinandergestellter Polizeiabsperrgitter neben dem Grab Christi. Jeden Tag, wenn der Ansturm der Pilger begann, zerrten griechische Mönche die Gitter achtlos über den Steinboden und bauten eine Gasse aus ihnen, um die Massen zum Grab zu lenken. Wie unfertig das alles, wie unübersichtlich, ja rumpelig in manchen Ecken. Nichts war perfekt an der Grabeskirche oder gar pittoresk.

Schon von außen bot sie einen verwirrenden Anblick. Pilgern, die in den Vorhof traten und sie erstmals erblickten, stand oft Ratlosigkeit im Gesicht. Von weither kamen sie, Überwältigung erwarteten sie, aber die Grabeskirche tat nichts, um zu überwältigen. Wem die Pracht großer Kathedralen und Dome vertraut war, wer aus Rom kam, aus Mexico City oder aus Moskau, der mußte auf den ersten Blick enttäuscht sein. Kein Baumeister und Fürst der Renaissance hatte hier inszeniert, keine Kolonnaden standen Spalier, keine Zentralperspektive nahm den Fremden bei der Hand, kein Goldglanz blendete ihn. Ja, die Grabeskirche zeigte sich nicht einmal. Abgewandt stand sie da. Man näherte sich ihr, wie man sich einer abgewandten, auf anderes konzentrierten verehrten Person nähert – seitlich und etwas scheu.

Kaiser Konstantins Kirche hatte man von vorn betreten, geradezu vom Passionsweg her, aber im Laufe der Jahrtausende war die Grabeskirche mit der Stadt verwachsen, waren alle Wege krumm geworden und die Kirche selbst ein felsiges Labyrinth aus Unterkirchen und Kapellen. Nicht einmal als Ganzes sichtbar war die Grabeskirche, den Punkt, um sie ganz in den Blick zu nehmen, es gab ihn nicht. Wer sich ihr nähern wollte, konnte es nur von der Seite her tun – durch ein Tor, das eigentlich ihr südliches Seitentor war. Beim Anblick dieses altersmorschen, eisenbeschlagenen Tores mußte ich an die wettergrauen Feldscheunentore meiner Kindheit denken. Und ihr Glockenturm ragte nicht etwa schlank und stolz gen Himmel, er war von seltsam gestauchter, gedrungener Mißgestalt und glich in seiner Wucht dem Turm einer ländlichen Wehrkirche, dem der Feind oder ein Feuer die Spitze geraubt hat. So war es auch, ein Brand hatte den Turm gestutzt.

Drinnen setzte sich die Verwirrung fort. Eine normale, leicht verständliche Kirche mit Mittelschiff und Seitenschiffen, Apsis und Altar war die Grabeskirche sowenig wie Jerusalem eine normale, leicht verständliche Stadt – eher eine

Wirrnis aus Schichten, Zeiten, Räumen, die alle fortlebten. Felsig war sie, auf Fels gebaut, diesen einen Felsen Golgatha. Treppen führten tief in den Fels hinein.

Am Anfang hatte der fromme Wunsch gestanden, die ganze Topographie des Heilsgeschehens, die Orte der Kreuzigung, des Grabes und der Auferstehung, alles, was zwischen Karfreitag und Ostermorgen geschehen war, in einem einzigen Bau zu fassen und zu überwölben – der Urkirche. Die Orte der Passion und Auferstehung waren aber nicht mehr da, als Kaiser Konstantin und seine Mutter Helena um 330 darangingen, über ihnen die Grabeskirche zu bauen. Die Römer hatten, als sie Jerusalem im Jahre 70 zerstörten, nicht nur den jüdischen Tempel niedergemacht und alles Jüdische sonst, sie hatten auch alles getan, um die noch ganz junge, von Lebenden bezeugte christliche Erinnerung auszulöschen. Golgatha und das Grab begruben sie unter einem neu errichteten Venustempel. So blieb es zweihundertfünfzig Jahre lang.

Helena, eine Frau aus einfachen Verhältnissen, Christin geworden und von einer Gastwirtin zur Kaiserinmutter aufgestiegen, bewog ihren Sohn Konstantin, der sich ebenfalls taufen ließ, den heidnischen Skandal im christlichen Jerusalem zu beenden, den Venustempel abtragen und die heiligen Stätten ausgraben zu lassen. Sie selbst pilgerte, obwohl schon betagt, Ende der 320er Jahre dorthin und fand, so wird es berichtet, mit Hilfe des Jerusalemer Bischofs und lokaler Überlieferungen das Kreuz, an das Jesus geschlagen worden war.

In den tausendsiebenhundert Jahren seither veränderten Zerstörungen, Erdbeben, Brände und Umbauten mehrfach die Gestalt von Konstantins Bau, und doch ist er bis heute, was er immer hat sein sollen: Grabeskirche, Kreuzigungskirche und Auferstehungskirche, alles in einem, die Allkirche. Es ist alles in ihr.

Auch die Spuren derer, die ihr Leben darangesetzt haben, hierherzukommen. In der Stille des frühen Tages konnte ich ungestört die kleinen Kreuze an den Wänden betrachten. Hunderte mochten es sein, dicht an dicht, regelrechte Kreuzfelder. Lateinische, armenische, griechische Kreuze, in die Wände gemeißelt von Pilgern vor Hunderten von Jahren oder vor tausend. Und zwei Wappen entdeckte ich, eines mit einem Stierkopf, das andere mit einem Vogel als Wappentier. Zwei Kreuzritter, Freunde vielleicht, hatten sie vor bald tausend Jahren nebeneinander in diese Wand geritzt. Es hieß, die Franziskaner verwahrten das Schwert Gottfrieds von Bouillon, des ersten Königs von Jerusalem, in ihrer Sakristei – auch das war die Grabeskirche einmal gewesen, Krönungskirche und Grablege der glücklosen Könige des Kreuzritterstaates.

Als ich Bruder Paulus, den Franziskaner, den ich manchmal in der Terra Santa besuchte, fragte, ob ich König Gottfrieds Schwert sehen könne, sagte er mir, es werde gerade in Paris ausgestellt und komme nach seiner Rückkehr auch nicht wieder in die Sakristei, sondern in ein Museum der Custodia di Terra Santa. Ich hatte den Eindruck, die Franziskaner waren nicht unglücklich darüber, das Schwert des Königs der Kreuzritter los zu sein.

Ein Schwert paßt schlecht zu einem Orden, dessen Gründer freigewählte Armut und Liebe bis zur Selbstaufgabe gepredigt und gelebt hat, der daheim in Italien mit den Vögeln redete und 1219 mit dem Sultan in Ägypten. Franziskus vermochte den Moslem zwar nicht zu bekehren, nicht zum Christentum und auch nicht zum Frieden, aber er beeindruckte ihn doch so sehr, daß der Sultan – immerhin ein Neffe Saladins des Großen, der gut dreißig Jahre zuvor das christliche Jerusalem erobert und das Königreich der Kreuzfahrer entscheidend geschlagen hatte – dem Mönch und Pilger erlaubte, nach Jerusalem weiterzureisen. Mitten im fünften Kreuzzug, mitten im Krieg zwischen Abend- und Morgenland. Franziskus muß die Gabe gehabt haben, Steine zu erweichen, und nach dem Zeugnis seiner Zeitgenossen hatte er sie tatsächlich.

Fast durchgehend waren seine Franziskaner seither in Jerusalem, als Orden und als von Rom betraute Hüter der Heiligen Stätten. Die Liste ihrer Kustoden – der franziskanischen Hüter der Heiligen Stätten und Oberen ihrer Kirchen und Klöster dort – ist achthundert Jahre und hundertsiebenundsechzig Namen lang, und der erste Name darauf ist Franziskus von Assisi.

Eines Abends war ich zum unfreiwilligen Zeugen eines Gesprächs im Österreichischen Café geworden. Dorthin ging ich, wenn es zuviel wurde, wenn ich von Jerusalem ausruhen mußte. An jenem Abend ließ Jerusalem das nicht zu – oder vielmehr die Dame am Nebentisch. Sie machte ihrer Empörung über die fromme Dummheit oder die dumme Frömmigkeit der Pilger und namentlich der Pilgerinnen am Salbungsstein Luft. «Gleich wenn du zum Tor hereinkommst, ist da so ein Stein, da knien die nieder und reiben den Stein mit Rosenwasser ein und mit was weiß ich für einem Zeug, und dann» – es ekelte sie sichtlich –, «dann küssen sie den Stein!» Sie machte es nach und schmatzte fünf Küsse in die

Luft über dem Nebentisch. Wo doch jeder den öligen Stein küssen würde, diesen Bakterienzuchtstein, den Erregerstein, von hunderttausend Händen betatscht, von Millionen Lippen abgesabbert, gar nicht auszudenken, wieviel Spucke der Stein abkriegte allein an einem einzigen Tag, ein hygienischer Wahnsinn. Die Dame bestellte einen Pfefferminztee. In einem Magazin hatte sie gelesen, daß die Pfefferminze einen desinfizierenden Wirkstoff enthielt. Sie hatte den Stein selbstredend nicht geküßt, aber man weiß ja nie.

Es war der Stein, an dem ich nun stand. Er war das erste, auf das jeder zulief, der durch das Scheunentor eintrat. Bald würde er wieder belagert sein von den meist russischen Pilgerinnen, die am Stein knien und ihn mit wohlriechenden Ölen salben, bis er feucht schimmert, dann holen sie Tücher hervor, um etwas von seiner Heiligkeit abzuwischen und aufzutupfen und mit in die Heimat zu nehmen. Dort verschenken sie die passionsgetränkten Tücher an ihre Familien und Freunde und an den kranken Nachbarn. Und ja, sie küssen den Stein inbrünstig. Denn der Überlieferung nach ist der Gekreuzigte auf diesen mannsgroßen, flachen Stein gelegt worden nach der Kreuzesabnahme, um ihm die Nägel aus Händen und Füßen zu ziehen und seinen Leichnam auf dem Stein zu waschen.

Ich ging tiefer hinein ins Eigentliche, und es blieb roh, ja die Roheit steigerte sich ins Ruinenhafte. Unter der Kuppel, deren erste Kaiser Konstantin errichtet hatte und durch die nun Tauben flogen, im Kreis mächtiger Säulen, die die Kuppel trugen, stand erschütternd gebrechlich die Ursache des zweitausendjährigen Bauens, Pilgerns, Kämpfens, Ursprung und Sehnsuchtsziel des Christentums, ein schwärzliches, wie aus der Erde gegrabenes Kirchlein – die eigentliche Grabeskapelle. Ein Stahlgerüst hält sie, und man muß fürchten, ohne diese Hilfestellung würde sie kollabieren, so geborsten, wie ihre Mauer schon ist.

Das also war er, der innerste und innigste Schrein, der das Geheimnis des Glaubens von über einer Milliarde Menschen enthält, den ganzen Seinsgrund der Weltkirche – das leere Grab. *Non est hic.* Dieses «Nicht hier» gilt längst auch für die hinfällige Kapelle über dem Grab. Nur ihr stählernes Korsett bewahrt sie davor, einfach einzustürzen.

Eine ungeduldige Schlange wand sich um die Kapelle, von früh bis spät stehen Scharen aus aller Welt an, um am Grabe zu beten. Auch ich ging hinein durch die niedrige Tür, die alle nötigt, den Kopf zu senken, und dann durch die noch niedrigere Tür, die mich zwang, das Knie zu beugen. Danach setzte ich mich auf die Bank gegenüber der Kapelle, dort saß ich ganz gern an den Rändern der Tage. Früh, wenn die Basilika noch leer war. Spät, wenn sie sich leerte.

DER MÖNCH

Gibt es etwas in Jerusalem, das keine erzählenswerte Geschichte hat? Einen Menschen, ein Haus, einen Stein? Sogar meine unscheinbare Bank im Halbdunkel der Grabeskirche hatte eine, ein Mönch, den ich manchmal in seinem Kloster besuchte, erzählte sie mir, ein junger Benediktiner. «Die Bank war so morsch, daß sie bald zusammengebrochen wäre, also ließen die Franziskaner der Grabeskirche sie von einem Tischler restaurieren und stellten sie wieder an ihren Ort gegenüber dem Eingang zum Grab. Da kamen die Griechen: ‹Was habt ihr mit der Bank gemacht – ihr wollt sie doch wohl nicht allein für euch haben?›»

Die Restaurierung der morschen Bank war eine heikle Tat wegen des Status quo. So wurde die Regel genannt, die ein Sultan des 19. Jahrhunderts den in der Grabeskirche vertretenen und damals oft rivalisierenden Christen aufgenötigt hatte, weil er den Streit unter ihnen leid war. Der Sultan hatte in der Grabeskirche die Zeit angehalten und bestimmt: Alles bleibt genau so, wie es in diesem Moment ist – der Moment war das Jahr 1852. Keine Konfession hatte das Machtwort des Sultans jemals anerkannt, aber alle hielten seinen Status quo peinlich genau ein, und so hat das «Alles bleibt, wie es ist» die seit hundert Jahren verschwundene osmanische Herrschaft bis heute überdauert. Keine Seite mochte und mag bis heute den Stillstand aufkündigen, aus Sorge, jeder neu verhandelte Vertrag könnte schlechter sein. Vor allem die Griechen nicht: Als Untertanen des Sultans hatte dieser sie in seinem Status quo vor den anderen privilegiert, sie waren seitdem die Hüter der Grabeskapelle und hatten das Mittelschiff als ihre Kirche. Alle anderen, Katholiken, Armenier, Syrer, Kopten, Äthiopier, mußten sich mit Kapellen ringsum in den Seitenschiffen bescheiden.

Alles in der Grabeskirche regelt der Status quo penibel. Wann wer wo die Messe feiern, singen, durch die Kirche ziehen, am Golgatha beten, das Grab betreten, das Tor öffnen und schließen, Kerzen und Leuchter anzünden oder was immer tun darf. Keiner Konfession ist es erlaubt, an diesem

Zustand etwas zu verändern, nicht ein Jota. Kein Wunder, daß in den Ritzen des Stillstands große und kleine Absurditäten wuchern. Die altersgraue Leiter zum Beispiel, die auf halber Höhe außen an der Fassade über dem Kirchentor lehnt, steht seit bald hundert Jahren dort, jemand hat sie hingestellt, und niemand darf sie wegnehmen. Man mußte das wissen, um es zu sehen. Wer im Vorhof stand und es nicht wußte, der sah nur eine vergessene alte Leiter da oben und dachte sich nichts dabei.

Nach dieser Erläuterung erzählte der Mönch die Geschichte der Bank zu Ende, denn die Griechen hatten es nicht bei ihrem Mißtrauen belassen. «Sie kamen mit einer hellen Holzlatte und nagelten sie auf das dunkle Holz der schön renovierten Bank. Als die Armenier das sahen, kamen auch sie und fragten: ‹Was macht ihr da – kungeln etwa die Katholiken und die Griechen etwas ohne uns aus?› Und so nagelten sie ebenfalls eine Latte an die Bank. Man sieht die armenische Latte nicht gleich, man muß hinter sich greifen, wenn man auf der Bank sitzt, sie haben sie hinten angenagelt. Die griechische sieht man, die ist vorn angenagelt.»

Alle handelten verrückt und doch ganz vernünftig in der Logik des Status quo. Die Griechen schlugen die Latte an die Bank zum Zeichen, daß auch sie etwas getan, daß sie mit den Franziskanern gleichgezogen, daß auch sie Anteil an der Banksanierung hatten, und desgleichen die Armenier. Denn so spricht der Status quo: Wer etwas Neues dreimal unangefochten tut, der darf es fortan immer tun, er erwirbt ein Gewohnheitsrecht darauf. «Auf diese Weise», fuhr der Mönch fort, «haben die Griechen einmal das Recht erobert, ein bestimmtes Licht im katholischen Bereich zu versorgen.

Unsere Brüder hatten es dreimal vergessen, und die Griechen hatten es dreimal getan.»

Ich besuchte ihn noch oft. So vieles drang auf mich ein und rumorte in mir, ich brauchte die Gespräche mit ihm bei Kaffee und Schokolade, er war so viel länger in Jerusalem und kannte es so viel besser als ich. Er stammte aus Süddeutschland, aus einem liberalen Künstlermilieu. Das Mönchsein war ihm nicht in die Wiege gelegt worden, weder aus Tradition noch von der Familie. Er war nicht hineingeglitten oder gar geschoben worden, er hatte sich dafür entschieden. Das war es, was ich an ihm mochte, er war nicht lau – nicht als Mönch und nicht als Mensch. Fromm, aber nicht frömmelnd. Ein tiefgläubiger Mann, der dennoch seinen Augen traute. Einer, der die Welt aufmerksam anschaute und Dinge sagte wie: «Die Sepharden haben einfach die schöneren Frauen.» Einmal sprachen wir über seine Anfänge in Jerusalem. «Eine schöne Zeit», erzählte er, «war paradoxerweise die zweite Intifada, der Palästinenseraufstand. Ich kam damals als junger Mönch hierher und fand die Stadt völlig leer vor, der Basar leer, die Kirchen leer, sogar die Grabeskirche, die jetzt von früh bis spät überquillt vor Pilgern und Touristen – leer. Damals merkten wir alle, wie wenige Christen wir in Jerusalem noch sind. Nur ein paar unerschrockene Abenteurer mit Rucksack trauten sich während der Intifada her. In meiner Nähe flog ein Bus in die Luft. Ständig konnte irgendwo was in die Luft fliegen. Damals besuchten wir uns viel, Katholiken, Griechen, Armenier, auf einmal hatten wir Zeit und waren nicht von früh bis spät mit den Pilgern beschäftigt. Wir merkten, daß wir zusammengehören, das Verhältnis der Konfessionen ist anders seither, herzlicher.»

Ich sagte, mir sei aufgefallen, daß die Mönche der Grabeskirche fast allesamt Männer von stattlicher Statur seien – ein Zufall? Er lachte über meinen Verdacht. «Ja, ich weiß, es werden immer gern diese Geschichten von Schlägereien zwischen den Mönchen der Grabeskirche erzählt, aber die letzte Schlägerei ist lange her. Die Griechen hatten eine große Prozession mit ihrem Patriarchen, sie kamen vor unsere Kapelle, und der Patriarch sagte den versammelten Franziskanern, sie sollten die Tür der Kapelle schließen. Die weigerten sich und verwiesen auf den Status quo. Da ließ der Patriarch seine Leute losschlagen.»

«Und die Franziskaner?»

«Na, die Franziskaner verteidigten sich.»

«Der griechische Patriarch war der, der dann abgesetzt wurde?»

«Genau der.»

«Stimmt es eigentlich, daß früher der römische Kustos jedem Pilger die Füße wusch, der nach Jerusalem kam?»

«Ja, aber im Mittelalter schafften es natürlich, verglichen mit heute, nur wenige bis in die Heilige Stadt. Jetzt wäre das unmöglich, jetzt sind es Millionen.»

Ich fragte ihn, ob ihm dieser Massenandrang nicht manchmal zuviel werde. «Ein Pilger ist mir nie zuviel, aber die heute kommen, sind nicht alle Pilger. Kreuzfahrtschiffe legen an der Küste an, die Leute werden busweise heraufgefahren. Einmal sprach mich ein Tourist an, ob hier ein Mittelalterfestival sei. Er sah mich in meiner Ordenskleidung, sah einen Mönch in Jerusalem, und das war es, was ihm dazu einfiel – ach, hier läuft wohl gerade ein Mittelalterfest.»

Die Szene mußte sich in der Nähe des Klosters abgespielt

haben, denn in die Stadt ging er nicht mehr in Ordenskleidung. Kaum ein Mönch tat das noch, die Mönche verschwanden aus dem täglichen Leben der Heiligen Stadt. Etlichen, die ich kannte, begegnete ich auf meinen Wanderungen, fast alle gingen ohne Habit, normal gekleidet. Zu oft hatten Ultraorthodoxe sie bespuckt, für manche von ihnen war Möncheanspucken Sport. «Sie sehen unsere Anwesenheit in Jerusalem als Sakrileg, als heidnischen Akt», sagte der Benediktiner, «dabei sind wir sehr viel länger hier als sie.»

Er fuhr oft nach Tel Aviv, wo er eine Gemeinde zu betreuen hatte, es lag nahe, die ungleichen Orte zu vergleichen. «Israel ist ein Start-up-Land, Jerusalem ein Armenhaus. Wer jung ist und etwas verdienen will, der geht weg. Viele Israelis hassen Jerusalem, manche waren noch nie dort. Die Luft ist eine andere hier. Tel Aviv ist das israelische San Francisco. Party. Gay. Geld verdienen, Geld ausgeben. Hier oben ist es strenger, schwärzer. Früher gab es ein Ausgehviertel in Jerusalem, davon ist wenig übrig. Ultraorthodoxe und Araber prägen heute die Stadt, immer stärker, denn sie sind es, die viele Kinder kriegen.»

Jetzt mußte ich lachen. Was er da sagte, klang so, als stimme er in Charly Effendis Klagelied ein, er, ein Mönch, es fehlte nur der Refrain: «There's no joy in this city.» Er hob die Schultern. «Das sind einfach Erfahrungen, schließlich lebe ich seit vielen Jahren hier. Ich bin ein Mönch, ja, und ich bin es gern, aber das heißt nicht, daß ich nicht sehen würde, was außerhalb des Klosters vorgeht. Soll es mir gleichgültig sein, wenn die Jugend, und gerade die christliche, ins Ausland flieht, weil sie wenig Aussicht hat, in Jerusalem ein gutes Leben zu finden?»

GUTE ALTE BOHEME

Manchmal hörte ich Charly Effendi und seine Freunde versonnen von einer Zeit reden, in der Jerusalem eine «joyful city» und es eine Lust gewesen sei, hier zu leben. Bald kannte ich die Gesichter dieser Männer und wenigen Frauen, es waren meist dieselben, die sich zu einem Konzert einfanden oder zu einem Vortrag im vornehm-orientalischen «American Colony Hotel» oder sonst einem Ort, an dem man der verlorenen Zeit stilvoll nachtrauern konnte. Orient, so hieß das Zauberwort, das ein wissendes, wehmütiges Lächeln auf die Gesichter rief. So hieß der Traum, der Schmerz, der Verlust.

Dann wurden Geschichten wach aus Jerusalems bewegter Zeit, von den Ausschweifungen der zwanziger Jahre, den schlaflosen Nächten der moslemisch-christlich-jüdischen Boheme. Dachte man sich das Jerusalem der Gegenwart als eine altersstrenge, in tiefes Schwarz gekleidete Person, so war jene kurze Epoche zwischen dem Niedergang des Osmanischen Reiches und dem Ende der britischen Mandatszeit ihre wildromantische Jugend.

Namen fielen, arabische, griechische, hebräische, die Namen einstmals gefeierter Sängerinnen und Tänzerinnen, einst geliebter Dichter und im ganzen Orient populärer Musiker. Aus dessen Metropolen waren sie nach Jerusalem gekommen, aus Damaskus, Beirut, Kairo, Alexandria, und hatten hier gastiert. Und all diese Namen, diese Helden der kurzen Freiheit zwischen den Kriegen, die man sich auf solchen Abendgesellschaften lächelnd zurief, sagten mir nichts.

Bis ich ein Foto sah – das Bildnis eines unfaßbar schönen jungen Mannes.

Ein Gesicht wie von einem Filmplakat der zwanziger Jahre. Ein junger Orientale mit dunklen Mandelaugen im ebenmäßig hellen, glatten Gesicht, in das noch kein Leid, kein Kampf seine Spur gegraben hatte. Der leicht geschwungene Oberlippenbart, das Mal seiner Männlichkeit, war noch flaumig und saß ihm wie aufgeklebt im Antlitz. Der junge Mann trug arabische Kleidung, *keffiyeh, shirwal, qumbaz* – das Kopftuch, gehalten von der schwarzen Kordel, die weißen Baumwollhosen der Levante und den offenen Übermantel, wie ihn Beduinenscheichs und andere Patriarchen tragen, bis heute. Aus seinen Ärmeln schauten makellos weiße, gestärkte Manschetten hervor.

So saß der junge Jerusalemer seinem Fotografen Porträt, sah direkt in die Linse – der erwachend erwartungsvolle Blick der Jugend schaute mich an – und spielte die *Oud*. Diese kurzhalsige arabische Laute mit ihren fünf Doppelsaiten wird traditionell mit einer Adlerfeder gezupft. Die hielt er in seiner Rechten, zwischen kleinem und Ringfinger, wie ein Mädchen auf dem Gemälde eines altholländischen Malers sein seidenes Spitzentuch.

Wasif Jawhariyyeh, so hieß er. Seine Jugend fiel in die Zeit der osmanischen Reichsdämmerung, die harte Hand der türkischen Herren erschlaffte, und in den arabischen Reichsteilen blühten Freiheitshoffnungen, auch in Syrien und Palästina. In dieser Atmosphäre wurde Wasif zum Star des Jerusalemer Nachtlebens. Er stammte aus ehrbarer arabisch-christlicher Familie. Zur Elite oder Aristokratie gehörte sie zwar nicht, aber der Vater war der *Mukhtar*, das Oberhaupt der arabisch-orthodoxen Christen Jerusalems, und saß im Stadtrat. Und sein Sohn Wasif hatte Charme, Talent und das Glück, von einer der großen alten Familien gefördert zu werden. Und er schrieb.

Er trieb nicht somnambul durch seine turbulenten Jahre, er war wach genug hinzuschauen und hinterließ ein Konvolut aus Geschichten, Erinnerungen, Reflexionen – durch sie sprach die verlorene Zeit zu denen, die den Verlust betrauerten, und auch zu mir. Jerusalems Steine vergaßen nichts. Viele der Häuser und Orte, in denen dieser Wasif die *Oud* gespielt, seine Tage und Nächte verträumt und gelebt hatte, gab es noch. Nur das Leben, von dem er in seinen Geschichten erzählte, gab es nicht mehr.

«In jener Zeit», so beginnt eine seiner Miniaturen, «war es üblich unter moslemischen Freunden und Nachbarn, in welchem Viertel Jerusalems auch immer, sich eine kleine Wohnung in der Altstadt zu mieten, ein, zwei Räume, um dort lange abendliche Feste zu feiern, vor allem im Winter. Diese Junggesellenwohnungen nannte man *oda*, Zimmer. Wann immer ein Musiker oder Sänger in die Stadt kam, lud man ihn in sein *oda* ein, um dort mit Freunden zu feiern. Es wurde dann Karten gespielt oder Dame, Domino, Backgammon und *adrali*, oder man lauschte einem guten Vorleser, der aus ‹Tausendundeiner Nacht› las oder andere Geschichten. Manche mieteten solche Wohnungen für Liebesnächte mit Prostituierten. Aber viele gehörten ehrbaren Leuten, so wie die im Viertel Sheikh Jarrah, dort verkehrten die nobelsten Bürger und Intellektuellen von Jerusalem.»

Es blieb aber nicht bei einer so strikten Trennung der Sphären, wie eine andere Erinnerung zeigt. «Mein Freund

und *Oud*-Lehrer Hamada Al-Afifi war der erste, der mich die Laute spielen lehrte. Ich war sehr jung und brannte darauf, überall dabeizusein, wohin Onkel Abu Fuad, wie ich ihn nannte, ging. Er konnte mich gut leiden, Gott segne ihn, und so nahm er mich mit und stellte mich seinen besten Freunden vor. Auf einer dieser Feiern sagte er zu mir: ‹Hol deine *Oud*, Wasif, wir haben einen langen Abend vor uns. Kann sein, daß wir die ganze Nacht in Meshkinot verbringen, dem jüdischen Viertel, im Haus unserer Freundin Rena.› Ich kannte Rena gut, und ich erinnere mich – es war ein Samstagabend. Ich holte meine *Oud* und verabschiedete mich von meiner Mutter, sie gab mir Schlafsachen mit und einen Morgenmantel, in der Annahme, wir würden ein paar Tage in unserem Landhaus in Deir Amr verbringen. Ich küßte ihre Hand und ging. Als wir bei der lieben Rena ankamen, war ihr Haus brechend voll. Die meisten Gäste waren jüdisch, und auch andere junge Frauen aus der Nachbarschaft waren da. Wir stimmten unsere *Ouds*, spielten, wozu immer wir Lust hatten, und hoben unsere Gläser auf Rena und dann auf Sultana, eine marokkanisch-jüdische Dame, die einfache Volkslieder sehr gut sang und manchmal auch tanzte. Der Abend wurde immer munterer, und jeder schwebte und schwankte bis zum Morgen, erst dann gingen die Gäste, wir aber blieben da, im *House of the Nation*.»

Letzteres war ein Scherz, den jeder Jerusalemer in Wasifs Zeit verstand. «Haus der Nation» wurde spaßeshalber ein stadtbekanntes Bordell genannt. Der Spaß war aber noch lange nicht zu Ende für Wasif und seinen Freund Mustafa.

«Mustafa al-Nashashibi half Rena beim Haushalt. Er holte Essen und Getränke ein und ging ihr zur Hand beim Kochen und Servieren der *mezze* und der Drinks. So ging es immer weiter, wir schliefen tags oder nachts, je nachdem, wann wir Zeit dafür fanden, dann spielten wir wieder unsere Lieder, sangen und tranken. Viele Nachbarn kamen dazu und feierten mit. Es endete damit, daß wir eine volle Woche dort blieben und feierten. Am Samstagabend hatten wir angefangen, und wir verließen Rena und Sultana erst am Freitagmorgen der nächsten Woche. Danach ging ich mit Onkel Abu Fuad die ehrenwerte Tante Michel Karriouz besuchen, bei ihr blieben wir den ganzen Freitag. Als ich abends gegen elf heimkam, begrüßte mich meine Mutter mit den Worten: ‹Lange warst du fort, Wasif! Dieses verfluchte Deir Amr und die Leute dort – zwei Tage wolltest du wegbleiben, nun kommst du nach einer ganzen Woche heim.› Dann sah sie mein Hemd, das Rena morgens gebügelt hatte, und sagte: ‹Das ist doch völlig unüblich in Deir Amr.› Ich antwortete ihr, noch betrunken: ‹Meinst du denn, Deir Amr ist immer noch so wie früher? Ich sag dir, Deir Amr ist ein schicker Ort geworden, seitdem die Engländer da sind.› Meine Mutter: ‹Na klar, und ich schätze, dein Hemd hat der englische Butler gebügelt. Gott schütze dich, Wasif, Gott schütze dich.›»

Schon in Wasifs Zeit kündigte sich deren baldiges Ende an. Die Großtürken waren fort, die Jungtürken, die den letzten Sultan gestürzt hatten, bald auch, und die Briten, die an ihre Stelle getreten waren, würden nicht lange durchhalten. Die Fronten im Kampf um den Orient, ums Heilige Land, um Jerusalem traten immer deutlicher hervor. Juden gegen Araber, arabische Nationalisten gegen einwandernde Zionisten, und beide gegen die ihres Kolonialreiches müden britischen Herren. Blutiger Aufruhr, Bombenattentate, britische Strafaktionen und wiederum Racheanschläge, Terror auf allen Seiten – das stand schon am Horizont.

Aber noch blieb etwas Zeit für eine kurze Blüte der Freiheit, etwas Luft für Gestalten wie Wasif. Diese besondere Atmosphäre im Jerusalem der zehner, zwanziger Jahre war nicht nur in den durchfeierten Nächten gewärtig, sie war nicht bloß Sache einer kleinen Boheme. Die Heilige Stadt selbst war so. Wortreicher, genauer, begeisterter noch als von den Partys in christlichen oder jüdischen Häusern, Junggesellenbuden und Cafés erzählt Wasif von den großen Festen der drei Religionen. Alle konzentrierten sich um Ostern herum.

Die Christen aller Konfessionen feierten die Passion und Auferstehung ihres Herrn wochenlang, beginnend mit der Fastenzeit über den Palmsonntag bis zum Ausklang des Osterfestes. Wie in alttestamentarischer Zeit die Juden zu den hohen Festen nach Jerusalem hinaufgezogen waren, so zogen nun Gläubige dreier Religionen hinauf, aus Nablus, Bethlehem, Jericho, Beit Dschala und dem ganzen umliegenden judäischen Bergland. Auch die Moslems verehrten Moses und die Jungfrau Maria und zogen in Prozessionen zu deren Schreinen. Wasif, der seine Jerusalemer kannte, würdigte auch die weltlichen Effekte dieser großen Glaubensfeste.

Gottlob gebe es sie von alters her, schrieb er, «gestatten sie doch den Menschen etwas Erholung. Ohne diese in der Religion wurzelnden Feierlichkeiten würden sich die Leute der Schwermut ergeben, zumal in Zeiten, als sie noch ganz innerhalb der Stadtmauern lebten und die Tore bei Sonnenuntergang geschlossen wurden, aus Sorge vor Überfällen von Beduinen.» Seine natürliche Lage, als hochgelegene Stadt im kargen, halbwüsten Judäa, habe Jerusalem dafür prädestiniert, ein so einzigartiger, rein religiöser Ort zu sein. Seine Magnetwirkung auf alle Welt komme allein daher. «Kein Strand, keine Quelle, kein Fluß, kein Meer, kein Wald – nur Klöster, Kirchen, Moscheen und Synagogen.»

Auch die finanzielle Seite der großen Feste sah Wasif klar, der Strom der Pilger nährte die Stadt, «die Läden im christlichen Viertel schienen zu brennen», so gut lief das Ostergeschäft. «Sie alle schlugen hohen Profit aus den so sehr erwarteten gesegneten Stunden und Tagen. Für diese Familien war es die einzige Chance, ihren Unterhalt für ein ganzes Jahr zu verdienen.»

Spektakulärer Höhepunkt war das Heilige Feuer der Griechen – der Moment am Ostersamstag, wenn es wunderbarerweise aufflammte in der Finsternis der Grabeskapelle und, von der Menge enthusiastisch begrüßt, auf Tausende Fackeln übersprang und fortgetragen wurde in andere Städte und Länder. «Stellt sie euch vor», hob Wasif an, «all die Menschen an diesem großen Tag, wie sie durch die Grabeskirche ziehen und aufs Flachdach, darunter Kleriker der verschiedenen Konfessionen, gewöhnliche Leute, europäische Pilger, Griechen, Zyprioten, Bulgaren, Franzosen, Deutsche und – die meisten von allen – nicht weniger als dreißigtausend russische Pilger, Männer und Frauen.»

Den ganzen Karfreitag über hatten die Glocken geläutet, bis Mitternacht. «Sie läuteten langsam an diesem traurigen Tag, dem Todestag Christi.» Am Samstag dann, nach der Morgenmesse, «gingen Regierungsvertreter und Mitglieder der moslemischen Familien Nusseibeh und Judah durch die Grabeskirche und inspizierten sie peinlich genau nach jedweden Brandquellen wie Streichhölzer, Dochte, Feuerzeuge oder

Elektrodrähte. Danach verließen sie die Kirche und verschlossen deren Tor. Diese Aufgabe war einem Mitglied der Familie Judah anvertraut, das dann den Schlüssel einem Mitglied der Familie Nusseibeh übergab. Das Tor wurde mit rotem Wachs versiegelt und blieb bis zur Ankunft des griechisch-orthodoxen Patriarchen um exakt zwölf Uhr mittags zu.»

Nun ging es los. Fahnen, Lieder, Gesänge, die Spannung stieg. Eine große Menschenmenge drängte in die Kirche. Jerusalemer und Pilger von fern und nah, aus Ramallah, al-Taybeh, Birzeit, Beit Dschala und Bethlehem, alt und jung, Priester und Laien, Armenier, Kopten aus Ägypten, äthiopische Christen und syrische aus Aleppo und Damaskus, Griechen und Lateiner und Tausende Russen, hohe Würdenträger und nicht zuletzt seine Exzellenz, der Gouverneur. Alles erwartete des Heilige Feuer, Kerzen in den Händen, um es heimzutragen, sei es gleich um die Ecke oder hinaus nach Bethlehem oder nach Kairo oder Athen.

«Um ein Uhr strömte das Licht heraus, herbeigeläutet von den Glocken der Griechen, die Gongs und Glocken der Armenier stimmten ein, von Gläubigen aller Konfessionen bejubelt und besungen.» Der orthodoxe Patriarch, der mit dem geheimnisvoll entzündeten Licht aus der Grabeskapelle gekommen war, gab es weiter und weiter, «und in einem einzigen Augenblick war die ganze Grabeskirche erleuchtet vom Heiligen Feuer. Ein wundervoller Anblick war das, trotz der Furcht, all die vielen, in bloßen Händen gehaltenen Kerzen könnten einen Brand auslösen. In diesem ehrfurchtgebietenden Moment widerhallte die Kirche vom Aufschrei der Frauen – die koptischen Frauen aus Ägypten vor allem –, von überallher brandete Jubel auf, die Menge drängte zum Tor, das sogleich geöffnet wurde, damit das Heilige Licht hinaus in die Welt strömte.»

Mit dem Osterfest und seinen hauptsächlich christlichen, aber eben auch moslemischen Feiern, Prozessionen und Darbietungen war die Festsaison aber nicht zu Ende. «In der Osternacht, dem Ende der Fastenzeit, feierten die Jerusalemer und besonders die orthodoxen Araber unter ihnen ihr berühmtes *huruma*, man lud zu lauter Partys daheim und über die ganze Nacht. Die Leute kleideten sich traditionell arabisch und verbargen ihre Gesichter, so daß man sie nicht erkannte. Man verkleidete sich zum Beispiel als Braut und Bräutigam, die Braut trug ein elegantes Kleid, schönes Haar, Make-up und viel Schmuck – aber sie war ein Mann, und umgekehrt. So verkleidet, statteten die Leute ihren Nachbarn Überraschungsbesuche ab. Oder sie kamen als Priester und zelebrierten die Messe, dazu tanzten und sangen Schwert- und-Schild-Kämpfer. Manche verkleideten sich auch als Juden oder als aschkenasische Juden, sie hatten falsche Schläfenlocken angelegt. Wieder andere gingen als Bauer und Bauersfrau in der traditionellen Tracht von Ramallah oder in kostbar bestickten Kleidern im Bethlehemer Stil oder als Kosaken mit Pelzhut und Patronenweste oder als Albaner mit rotem marokkanischen Fez oder als Diplomat mit Zylinder.»

Wasif und sein Bruder Tawfiq hatten sich etwas Besonderes ausgedacht. Sie gingen als Riese und Zwerg. Der Zwerg war Wasif, den Bruder machte ein Aufbau auf dem Kopf zum Riesen. Das lange Kleid, das ihn von Kopf bis Fuß verhüllte und die Illusion erzeugte, ein kopfloser Rumpfmensch zu sein, hieß sonderbarerweise «Berlin».

Der christliche Karneval erreichte seinen Zenit in einem

großen Umzug am Jaffator, und damit war des Feierns noch immer kein Ende, denn der Karneval hatte moslemische und jüdische Vettern, die Nächte des Ramadan und das Purimfest. «Wir verbrachten lange Abende bei ihnen», erinnerte sich Wasif an die Besuche bei jüdischen Nachbarn und Freunden zu Purim, «und bestaunten, was wir sahen, vor allem in der osmanischen Zeit war das so.»

Es war noch immer so. Auch jetzt, fast ein Jahrhundert später, feierten die Juden ihr Purim so ausgelassen wie damals. Die Griechen erwarteten das Heilige Feuer so gespannt und jubelten, wenn es in der Grabeskirche erschien, wie zu Wasifs Zeit. Aber jeder jubelte für sich allein. Der schöne Frieden von Jerusalem, den Wasif so warm beschrieb, die gute Nachbarschaft von Juden, Moslems und Christen, die gewiß nicht immer nur harmonisch gewesen war, und doch hatte es sie gegeben – das alles war eine ferne Erinnerung. Er war etwas anderem gewichen, das an manchen Tagen als grauer Staub aus Melancholie auf der Stadt lag, an anderen Tagen knisterte es wie eine glimmende Lunte.

SUPERFREITAG

Ich ging die Via Dolorosa hinab, vor mir gingen drei junge Deutsche. Sie fanden das alles lächerlich und bestätigten es sich gegenseitig, indem sie einander auf immer neue dumme Details aufmerksam machten. «Da, schaut mal, die nächste Station. Was steht da?» Einer las aus dem Reiseführer. «Veronika reicht Jesus das Schweißtuch, darauf bleibt der Abdruck seines Gesichtes zurück.» Kopfschütteln, leises Gelächter. All die frommen Darstellungen, Rosenkränze, Ikonen. Jetzt kamen uns Pilger entgegen, eine Gruppe Amerikaner, sie trugen das Kreuz und sangen die Worte des Verbrechers am Nebenkreuz. «Jesus remember me when you come into your kingdom.»

Sie sangen leise, fast murmelnd, es war ihnen anzumerken, wie fremd sie sich hier fühlten, sie wollten keinesfalls jemandes Gefühle verletzen. Die drei jungen Deutschen versuchten den Pilgern auszuweichen in der engen Gasse. Deren Befangenheit streifte das Lächerliche, das sie selbst empfanden, und beides mischte sich zu etwas Unangenehmem, das wiederum ich, der das alles aus nächster Nähe sah, geradezu körperlich spürte. Weg hier, nur weg!

Wo die Via Dolorosa auf die Talstraße Al Wad trifft, blieb ich stehen. Ich kam auch nicht weiter, denn jetzt ging es los. Plötzlich war ich Teil der Menge, einer arabischen Menge, die die ganze Gasse ausfüllte und sich nur langsam voranbewegte. Tausende Füße, vielleicht Zehntausende, schoben sich in ein und dieselbe Richtung. Der Ausdruck «die arabische Straße» fiel mir ein. Hier war sie und ich mittendrin.

Es war Freitag, die arabische Stunde. Das moslemische Viertel warf sein Grau und namentlich der arabische Mann seine Verkleidung ab, die schlecht sitzenden Sakkos und Lederjacken und billigen Pullover, in denen er so unsichtbar wurde, so grau – er warf sie ab, als sei er es leid, als mißlungenes Westimitat herumzulaufen. Blütenweiße Kopftücher sah ich und beduinische, goldbetreßte Übermäntel. Viele Männer gingen mit Stock, auch solche, die ihn noch gar nicht brauchten. Der Stock war ihnen keine Gehhilfe, er war das Zepter ihrer Alterswürde. Und eine gewisse Beleibtheit hier und da war keine Schamlandschaft, kein Fall für die Weight Watchers, sie war, wie Stock, Kopftuch und Burnus, ein Ausweis von Würde.

Natürlich, auch schick westlich gekleidete junge Männer liefen im Freitagsstrom mit, den Gebetsteppich lässig über der Schulter. Schlanke Erfolgreiche im gutsitzenden Anzug oder im frisch gebügelten weißen Hemd. Dann wieder alte Frauen, noch stolz schreitend im palästinensischen Sonntagsstaat oder schon weit zur Erde hinabgebeugt und kaum mehr größer als ein neunjähriges Kind. Das ganze arabische Jerusalem, so schien es, war auf der Straße, was Beine hatte zu gehen, schritt, stolzierte, hinkte zum Freitagsgebet, und sei es auf Krücken. «Ya Allah!», hörte ich, und noch einmal: «Ya Allah!» – den Seufzer des alten Mannes neben mir, der kaum mehr sicher auf den Beinen war. Es lag beides darin, die Mühsal des Alters, der Weg durch diese steinernen Gassen von Jugend an, der ihm nun schwerer und schwerer fiel – und der Anruf an den, zu dem er jetzt beten ging, wie er es an jedem Freitag seines langen Lebens getan hatte, und zu dem er bald ganz gehen würde.

Auch junge Fanatiker schwammen im Strom, zu erkennen an ihren Zauselbärten und dem stechenden Blick. Argwöhnische Mienen unter weißen Kappen, begleitet von ihren totalverhüllten Frauen ganz in Schwarz. Neben mir ging eine, der war nicht einmal der fadendünne Augenschlitz erlaubt, das schwarze Tuch bedeckte ihr Gesicht ganz und gar. Sie trug ihr kleines Kind auf dem Arm, es schaute, wenn es seine Mutter anlächelte, ins Schwarze.

Nun kam einer, der mir gefiel, ein Effendi mit dunkelgrünem Tarbusch auf dem Kopf, dem osmanischen Fez. Und der hakennasige Hagere dort im weißen Burnus sah aus und schritt aus, als habe er schon unter Prinz Faisal gekämpft und sei damals in Damaskus eingezogen mit ihm und leider auch dem verräterischen Lawrence. Ich mußte mir nur den Patronengurt dazu denken.

Beduinengesichter, Patriarchengesichter, Prophetengesichter – Gesichter, denen der Stolz eingeschrieben war, der Vater vieler Söhne zu sein. Jemand zu sein in diesem Viertel der Stadt. Ich stand am Rande des Stroms, ich sah und sah, die Augen wurden nicht satt. Und es lag nicht nur an der traditionellen Kleidung, die diesen Männern einfach besser stand, es lag an den Gesichtern. Auch aus ihnen wich das Grau, wichen die Sorgen, die Anspannung. Die Gesichter leuchteten am Freitag.

Wilder bewegt jetzt, geriet der Strom in die Strudel. An der Ecke Via Dolorosa und Al Wad hatten mehr Schwerbewaffnete Posten bezogen als sonst. Hier traf das Unvereinbare aufeinander, durchstieß einander, entwand sich wieder. Arabien traf auf Judäa. Tausende Moslems, unterwegs zum Haram asch-Scharif, den die Juden den Tempelberg nennen. Tausende Juden, unterwegs zur Klagemauer, die nichts anderes ist als die westliche Stützmauer des Plateaus, auf dem die Moslems in diesem Moment ihr Freitagsgebet verrichteten. Und mittendrin Christen auf dem Passionsweg ihres Herrn. Wo ich stand, lag die kurze, enge Strecke, durch die alle drei Ströme hindurchmußten.

Wie von einem überlegenen Choreographen geleitet, glitten Menschen, die einige Kilometer weiter oder unter leicht veränderten Umständen auch hier – ich würde es noch erleben – zum Stein greifen würden oder zur Waffe, so dicht aneinander vorüber, daß der eine den Atem des anderen riechen konnte, aber ohne sich zu berühren, ohne den anderen auch nur zu bemerken. Und das war es, das ganze Geheimnis, ich begriff es in diesem Moment an der Ecke Al Wad Street/Via Dolorosa – die hohe Kunst des Aneinandervorbeigehens, die schöne Jerusalemer Ignoranz. Während Amerika und Europa der Utopie der Verschmelzung nachhingen, bewies sie vor meinen Augen ihre friedensstiftende Macht. Ein Frieden freilich, so sicher wie ein randvolles Glas Milch in der Hand eines dreijährigen Kindes. Das Glas konnte jederzeit springen, der gespannte Frieden jederzeit detonieren.

Charly Effendi hatte mich davor gewarnt, nachts durch gewisse einsame Gassen zu gehen. Er selbst sei dort schon überfallen worden. «Sie tauchen auf und stechen sofort zu, in die Beine, in die Arme, in Sekunden, du hast keine Chance.» Wer «sie» seien, fragte ich ihn. Er zuckte mit den Schultern. Gleich an meinem ersten Tag hatte ich von so einem Messerangriff gehört, am Damaskustor. Der Messerstecher, so ging es herum, habe einen Ultraorthodoxen von hinten in den Hals gestochen. Er war flüchtig. Wer tat so etwas? Wieder zuckten die, mit denen ich sprach, mit den Schultern. Die Tat eines Kriminellen, eines Verrückten, ein Streit unter Familien, wer weiß. Schließlich habe der Angegriffene überlebt, er sei nicht mal schwer verletzt. Nichts, worum man ein großes Aufheben macht in Jerusalem.

Nach und nach dünnte der arabische Zug aus. Jede Seitengasse, die zu einem der Tore des Haram asch-Scharif führte, nahm einen Teil der Gläubigen auf. Ich kam nun auf der Talstraße schneller voran und erreichte bald die Klagemauer, auch hier waren weit mehr Gläubige versammelt als an gewöhnlichen Tagen. Wenige Stunden noch, und der Sabbat begann.

Die Sehnsucht nach diesem Ort, die Juden in aller Welt fast zweitausend Jahre lang bewegt hatte, sie war nicht gestillt. Sie war in den Händen, die an die großen, groben Blöcke der Mauer gelegt wurden. Sie war in den Stimmen derer, die Psalmen sangen, und in den Seufzern derer, die nur stumm ergriffen dastanden. Ein Nichtjude vermag sich nicht vorzustellen, was es für einen Juden bedeutete und bis heute bedeutet, an diese Stützmauer des verlorenen Tempels zu treten und hier zu beten. Bis 1967, bis Mosche Dajan die Altstadt eroberte, war es Juden neunzehn Jahre lang ganz verwehrt gewesen, zur Klagemauer zu gehen. Das Widderhorn dort zu blasen war ihnen seit 1931 verboten. Mehrere Massaker hatte es wegen solcher Dinge gegeben. Und vor der Klagemauer lag kein offener Platz, eine düstere Gasse lief an ihr entlang. Kurz, der heiligste verbliebene Ort der Juden war ein Unort, ein beständiger Schmerz, der Zugang wurde den Juden mit immer neuen Auflagen so schwer wie möglich gemacht. Als Dajans erster Vortrupp 1967 die Mauer erreichte, heulten die Soldaten Rotz und Wasser, das Foto ging um die Welt.

Ich blickte auf. Etwas war in der Luft, etwas wie das Gesumm einer ungeheuer großen Bienenwolke. Und ich begriff, es war ein arabisches Gesumm – das vieltausendfache Freitagsgebet in diesem Moment oben auf dem Tempelberg. Es hing als tönende Wolke über den jüdischen Betern hier unten am Fuße des Berges. So nahe waren sie sich. Das

Fremde, ja Verhaßte, es lebte hinter der Mauer, hinter der Wand, es brauste über den Köpfen.

Während die einen auf dem Plateau knieten und sich gen Mekka verneigten, murmelten die anderen wenige Meter unter ihnen ihre Gebete. Oben die Sure, hier unten der Psalm. Über mir betete die Gewißheit, Allah und seinem letzten gesandten Propheten anzugehören, neben mir betete die Sehnsucht nach dem verlorenen Tempel. Zum Greifen nah der Tempelberg, einen Steinwurf nur entfernt die Klagemauer. Steine waren hier schon geflogen, Kugeln auch. Jetzt schwoll das Gebetsgesumm auf der Höhe an. Arabien lag in der Luft, und alle Gründe, sich an die Gurgel zu gehen, lagen auf der Straße. Und es geschah – nichts.

Als ich die Talstraße zurückging in Richtung Damaskustor, fand ich die Szene völlig verändert. Das Freitagsgebet war zu Ende, der Strom ebbte zurück. Jetzt schlug die Stunde der Straßenhändler. Sie hatten, während die Gläubigen oben beteten, ihre Stände längs der Gasse aufgebaut und manchmal auch mitten darin. Der Tag des Gebets war ihr Großgeschäftstag. Leuchtendrote Hügel, frisch geerntete Erdbeeren aufgeschichtet. Glasursteinchenhügel, Würfel für Würfel aufgeschichtet aus Arabiens Zuckersüßigkeiten. Turnschuhe. Knallrote Teddys. Datteln. Elektronik jeder Art. Unterwäsche im Zehnerpack. «Aschera! Aschera!» Zehn! Glatte Zehn! Heute alles für zehn Schekel.

Der Aschera-Schrei kam jetzt von überallher, der Strom der Gläubigen geriet in Kaufwut. Vorhin, als Tausende zum Gebet drängten, war ich in all der Enge nicht einmal gestoßen oder gerempelt worden, nun kriegte ich Bäuche, Knie, Ellbogen zu spüren, alle möglichen vorstehenden Körperteile. Jeder

Händler schrie seine Ware aus, schrie sich in Rage, als sei der letzte Tag herbeigekommen. In ihren Fingern flatterten Geldscheine, ihre Hälse und Nacken glänzten vom Schweiß, ihre heiseren Stimmen krächzten, in ihren hochroten Gesichtern stand: alles oder nichts!

Der Wahnsinnigste von allen hatte die größtmögliche Bühne gewählt und einen derben Lautsprecher dabei. Im ansteigenden Treppenhalbrund vor dem Damaskustor stand er, von oben herab das ganze Forum beschallend, eine große staunende Menge war um ihn versammelt und nahm entgegen, was er ihr zuwarf, Kiste um Kiste schaukelte auf erhobenen Händen über die Köpfe hinweg, bis sie ihren glücklichen Käufer erreichte, und die Geldscheine wanderten in die Gegenrichtung. Er aber, der Händler, pausenlos in sein Mikrophon schreiend und puterrot unter der Sonne, verkaufte und verkaufte, stopfte und stopfte die Scheine ein, wie in Trance verkaufte er – Mikrowellen in Jerusalem.

Durstig war ich zum Damaskustor gekommen und wurde immer durstiger. Da erblickte ich einen Mann, der ein seltsames, silbrig glänzendes Ding auf dem Rücken trug. Eine Kanne, nein, das orientalische Wunderwerk von einer Kanne. Glöckchen hingen an ihrer hochaufragenden Krummspitze und klingelten leise, wenn der Mann sich herabbeugte, um den Saft einzuschenken, denn das war er, der Harubmann. Auch ich ließ mir einen Becher einschenken und kippte den zuckersüßen Saft mit einem Schluck hinunter.

Um nicht gegen den Strom laufen zu müssen, ging ich nicht durchs Damaskustor zurück, sondern außen an der Stadtmauer entlang zum Neuen Tor. Als ich um eine Ecke bog, sah ich Monsieur Michel vor seinem Geschäft sitzen, ein vertrauter Anblick. Er war ein syrischer Christ, und sein Geschäft führte das Übliche, Ikonen und Gold, aber was er anbot, gefiel mir besser als das meiste, das im Basar feilgeboten wurde.

Monsieur Michels Gleichmut schien unerschütterlich, er brachte es fertig, selbst Katastrophen mit dem Lächeln eines Mannes zu erzählen, der nur zu gut weiß, daß er den Lauf der Welt nicht zu ändern vermag. Auch er hatte, überflüssig zu erwähnen, sein Kind an Europa verloren, als treibe sich noch immer der alte Griechengott in Stiergestalt herum, der schöne Töchter entführt. Mit derselben freundlichen Nonchalance, mit der er mir von diesem privaten Leid erzählt hatte, sprach Monsieur Michel nun über seine geschäftlichen Nöte.

«Ikonen, Kreuze, wer will das noch? Gut, die Russen kaufen das noch, auch Amerikaner. Aber in Europa lassen sie ihre Kinder ja nicht mal mehr taufen, warum sollten sie meine Kreuze kaufen? Ihr tragt ja nicht mal mehr ein kleines goldenes Kreuz am Hals, und das war doch immer das mindeste.»

NORA

Irgendwann klappte es, sie fand Zeit für mich, und da saß sie nun, zartlila Kostüm, vornehme Haltung, vollendet höflich, eine elegante Erscheinung ganz aus der Gegenwart, meiner Phantasie fiel es leicht, sie aus dem kleinen Jerusalemer Büro, in dem wir uns trafen, in eine Hotellobby in Paris oder New York zu versetzen. Unter den Damen der besseren Gesellschaft, die dort ihren Tee nahmen, wäre sie nicht aufgefallen. Sie zu besuchen hatte Züge einer Audienz, formvollendet begrüßte sie mich, und dann sagte sie Sätze wie diesen: «Meine Familie geht auf Pfingsten zurück.» Ich war so perplex, daß ich nicht fragte, ob das etwa bedeuten solle, ihr Vorfahr sei unter den Jüngern gewesen, denen der Auferstandene erschien. Sie war auch schon bei einem anderen Vorfahren, einem deutlich jüngeren, er hatte im 15. Jahrhundert gelebt, aber auch dessen Geschichte besaß ihre pfingstlichen Qualitäten.

«Dieser Vorfahr hatte einen Traum. Meiner Familie gehörte damals eine Schafherde, es waren einfache, naive Bauern, aber sie hatten viel Land. Eines Tages ging sein Lieblingsschaf verloren, da erschien ihm in diesem Tagtraum St. Georg und sagte ihm, wo er nach dem Schaf suchen solle, und dort fand er es auch, in einem Dornbusch verfangen. St. Georg hatte meinem Vorfahren aber eine Bedingung genannt. Finde er das verlorene Schaf, müsse er ihm eine Kirche bauen, genau da, wo das Tier im Dornbusch feststeckte. Er tat es, er baute sie, so entstand die St.-Georg-Kirche, die einzige Kirche überhaupt im Privateigentum – sie stand ja auf unserem Land.»

Das habe die Kirchenführung allerdings später anders gesehen. «Nach byzantinischem Gesetz ist alles, was eine Kirche ist, das Eigentum der byzantinischen, also der griechisch-orthodoxen Kirche. Sie wollte unsere St.-Georg-Kirche haben, aber meine Großväter waren stark, sie kämpften für unsere Sache, einer von ihnen war Richter, er warf die Kirchenvertreter raus und sagte, das ist unser Land. 1943 ging der Streit vor Gericht, und meine Familie bekam recht. St. Georg blieb unser Eigentum.»

Aber nicht mehr lange, der jüdisch-arabische Krieg Ende der 1940er Jahre veränderte alles. Wie viele andere christlich-palästinensische Familien, ließ auch Noras Familie ihre Besitzungen in Westjerusalem zurück und floh in den Ostteil der Stadt – die St.-Georg-Kirche stand aber im Westteil.

«Und was wurde aus ihr?»

«Eine Konferenzhalle.»

Ihr Vater, erzählte sie, habe ihr Haus in Jerusalem sehr geliebt. «Als 1948 Granaten und Kugeln flogen, sagten unsere Nachbarn: Bringt euch in Sicherheit, geht in die Altstadt, in ein paar Tagen ist es vorbei, dann kommt ihr wieder. Alles wurde verpackt – und dagelassen. Damals hatte ein großes Haus wie unseres einen Hausaltar. Unsere kostbaren Ikonen, das Altargerät, unsere Möbel, Bücher, das Silber, alles wurde verpackt. Unsere Nachbarn waren jüdisch, sie flohen nicht. Sie waren, kann man sagen, so etwas wie unsere Diener. Sie waren nicht bei uns angestellt, aber wenn im Haus etwas zu tun war, riefen wir sie. So auch jetzt. Sie halfen uns, unseren ganzen Hausrat einzupacken und zu verstauen. Jeder weiß, wie es weiterging. Die Mauer zwischen dem israelischen West- und dem jordanischen Ostjerusalem entstand, wir kamen niemals zu unserem Haus zurück. Aus den paar Tagen sind nun fast fünfundsechzig Jahre geworden. Alles, was meine Mutter mitgenommen hatte 1948, war ihr Kreuz.»

In der Zeit danach habe die orthodoxe Kirche weiter versucht, die Familienkirche zu bekommen. «Ende der sechziger Jahre machte man dann einen Deal und verkaufte unser Haus an eine Organisation, die es bis heute besitzt. Als mein Bruder das hörte, er lebte in den USA, kam er nach Jerusalem.

Er sagte dem zuständigen Bischof: Wenn es wahr ist, daß du unser Land verschacherst, begrabe ich dich darauf.»

Die Familie habe aber nichts ausrichten können, ihr Land, ihre Kirche, ihr Haus seien verkauft worden, es gebe keine juristische Handhabe dagegen. «Das geltende Recht behandelt uns, die wir Eigentum in der Weststadt haben und 1948 vor dem Krieg flohen, als Abwesende, unsere Anwälte sagen uns: Keine Chance.»

«Könnten Sie das nicht ändern, indem Sie die israelische Staatsbürgerschaft annähmen – oder wollen Sie nicht?»

«Wir wollen es nicht. Mein jüdischer Anwalt hat mir so oft gesagt, Nora, nimm sie doch an, du zahlst mir Unsummen, damit ich jedesmal helfe, wenn du deswegen Probleme hast, das Geld könntest du sparen. Dann antworte ich: Wie kann ich einem Staat Loyalität schwören, der nur ein jüdischer sein will? Ich bin Palästinenserin. Dann sagt er, Nora, ich verstehe dich.»

Die Jerusalemer Mauer fiel 1967, als Israel die arabischen Angreifer hinter den Jordan trieb und Ostjerusalem eroberte. «Nun standen die Tore nach Westen wieder offen, mein Vater ging sofort hin. Er weinte, als er heimkam. Den Granatapfelbaum, den er gepflanzt hatte, habe er blühen sehen, erzählte er, aber in unserem Haus lebe jetzt ein Mann aus dem Jemen, der habe ihn rausgeworfen. Das Haus wurde seine Obsession, es brach ihm das Herz. Seinen ersten Infarkt hatte er nach dem Besuch dort, dann kamen fünf weitere. Er bewahrte den Hausschlüssel auf, wie es viele tun. Als er im Sterben lag, ging sein amerikanischer Freund noch einmal zu ihm ins Krankenhaus. Er fand den Schlüssel unter seinem Kopfkissen, mein Vater ist darauf gestorben. Auch meine Mutter hatte etwas, an dem ihr Herz hing, ihr Klavier. Ihr Bruder hatte es ihr geschenkt, als sie dreizehn war. Es blieb bei der Flucht zurück, und sie hat es nie wiedergesehen.»

Später dann, als ihr Vater gestorben und sie in Trauer gewesen sei, erzählte sie weiter, habe sie eine Einladung in die Konferenzhalle erhalten, die einst der Besitz der Familie gewesen war. «Ich weiß bis heute nicht, wie ich an die Einladung kam. Ich ging hin, weil es eine Gelegenheit war, unseren Familienbesitz wiederzusehen, das Thema des Abends war der Status Jerusalems in einer künftigen Friedensordnung. Als Fragen aus dem Publikum gestellt werden durften, ging ich ans Mikrophon und sagte: Ich bin aus zwei Gründen hier, wegen des Themas und wegen des Ortes. Wissen Sie, meine Damen und Herren, wo Sie hier sind? Totenstille im Saal. Ich fuhr fort: Ich wünschte, ich hätte Sie alle hier begrüßen dürfen – im Haus meiner Familie. Ich weiß nicht, wie ich das schaffte, nach vorn zu gehen und zu sprechen, ich hatte mir das nicht vorgenommen, niemals. Ich war wie in Trance. Ich sah meinen Vater vor mir, ich hörte ihn sagen: Nutz diesen Moment! Sprich! Dann sagte jemand etwas, jemand aus dem Saal, es weckte mich aus der Trance. Ich ging zu meinem Platz. Neben mir saß ein Rabbi mit seiner Frau, er hatte mich die ganze Zeit angeschaut, schon zuvor. Jetzt hatte er Tränen in den Augen. Wo ist George, fragte er mich. Er lebt nicht mehr, sagte ich. George war mein Großvater gewesen. Ich habe ihn so lange gesucht, sagte der Rabbi, er war mein Freund. Der Rabbi kam aus einer alten Jerusalemer Familie, so wie wir eine waren. Wir hatten viele jüdische Freunde gehabt.»

Es klang wie ein letzter Satz, aber Nora war noch nicht am

Ende ihrer Erzählung. Sie legte die fehlenden Puzzlesteine in ihr Familienbild: «Wir hatten viel Land, auch in Jericho, in Bir Nabala nördlich von Jerusalem, in Ramallah. Und ich bin die letzte hier, die letzte unserer großen Familie. Meine Cousins sind in Ägypten, in Amerika, in Europa. Wir mußten große Teile unseres Landes dort draußen verkaufen, der Druck war zu stark. Einmal fuhr ich nach Jericho und traf einen palästinensischen Offizier auf unserem Land. Ich fragte, was tust du hier? Er sagte, dieses Land gehört der palästinensischen Marine. Ich mußte laut lachen: Wie bitte – und wo sind eure Kriegsschiffe? Es ist ein Witz. So vieles hier ist ein Witz. Unser Leben ist ein Witz. Die vielen Besucher aus aller Welt sind glücklich, wenn sie Jerusalem sehen, all die heiligen Orte, aber sie sehen nicht, wie schwer unser Leben hier ist.»

«Was hält Sie hier? Warum machen Sie es nicht wie Ihre Cousins und gehen fort, haben Sie nicht ein Haus in Amerika?»

«Mein Glaube hält mich, er vor allem. Und meine Überzeugung. Ich muß tun, was ich tue. Ja, ich habe ein Haus in den USA, in North Carolina, aber ich bleibe hier. Eines Tages wird es Gerechtigkeit geben, vielleicht nicht mehr in meinem Leben, aber irgendwann. Gott ist gerecht.»

ZÜCHTIGUNG DES GRABESNARREN

Offenbar gehört es zum Wesen heiliger Orte, daß um sie her ein ziemlich unheiliger Ton herrscht, daß es ruppig zugeht und sogar grob. Wer anderes erwartet, macht sich eine falsche Vorstellung vom Heiligen. Es ist nichts Säuselndes, sphärisch Sanftes. Eher ein Brausen, ein Schlag, eine Erschütterung bis auf den Grund. Das heilige Gesäusel ist eine Idee unserer Zeit. Wo die Bibel von Begegnungen mit dem Heiligen berichtet, da geht es rabiat zu. Da trifft es die Menschen als heiliger Schrekken, da stürzen sie zu Boden, bedecken die Augen und sehen ihre letzte Stunde gekommen.

Das dachte ich, während ich wieder einmal auf meiner Bank saß und dem Wächter des Heiligen Grabes bei seiner Arbeit zusah. Wie lange schon? Schwer zu sagen, hier drinnen im Halbdunkel der Grabeskirche, dem Getriebe draußen entrückt, erlosch das Gefühl für Zeit. Es zerging im beständigen Scharren der Füße auf den glattgetretenen Stufen und Steinen, verlor sich im Gemurmel der Pilger in allen Sprachen dieser Welt, im hundertfachen Flackern der dünnen Wachskerzen, die sie auf die Träger des Stahlkorsetts pflanzten.

Der Wächter war mir gleich aufgefallen, und nicht nur, weil er die Menge um Haupteslänge überragte. Er war der rabiateste der Grabeswächter. Der Schwarze, so taufte ich ihn, denn alles an ihm war schwarz, nicht nur das Mönchsgewand. Sein Haupthaar war ein pechschwarzes, zum Zopf gezwungenes Gestrüpp, die Augen waren zwei Stück Kohle in seinem bleichen Gesicht, und sie waren überall. Ein wachsamer, eifriger Hirtenhund, so umkreiste er die Pilger aus aller Herren Länder, die Einlaß suchten zum leeren Grab. Wer drinnen am Grab beten wollte, der mußte an ihm, am schwarzen Engel, vorbei. Und wer versuchte, sich hinter seinem Rücken an der Schlange vorbeizuschmuggeln, den fand sein Adlerblick sofort, den ließ er seinen heiligmäßigen Zorn spüren, packte und beschimpfte ihn in seiner griechischen Muttersprache und schmiß ihn raus, erbarmungslos.

Über das Heilige Grab zu wachen ist das Vorrecht der Griechen. Die großen und die kleinen Kirchen, Lateiner, Griechen, Armenier, aber auch Kopten und Äthiopier, haben in der Grabeskirche ihre genau geregelten Rechte und Dienste, und der Dienst im Zentrum, am leeren Grab, ist natürlich die höchste Ehre, aber es war auch, das sah ich auf meiner Bank, harte Arbeit. Von früh bis spät bändigten die griechischen Mönche die sich beständig erneuernde, um die Kapelle windende Pilgerschlange. Sie segneten Pilger und pflückten deren Kerzen vom Stahlträger, sobald sie auch nur ein wenig heruntergebrannt waren, um Platz für die Kerzen neuer Pilger zu schaffen. Sie erwischten die Vordrängler und fischten die Verrückten heraus. Eben näherte sich wieder einer, ich kannte ihn schon – der Grabesnarr. Jeden Tag trieb er sich hier herum und wollte immer nur eines, zum Grab.

Ein Mensch von ostasiatischem Aussehen, das dünne Haar zum Pferdeschwanz gebunden, die Jacke schlackernd um seine hagere Gestalt, verschmitzt lächelnd, als sei es ein Spiel, was er hier tat. So schlich er heran, darauf bedacht, dem Schwarzen nicht unter die Augen zu kommen. Aber der hatte Augen im Kreuz, er hatte ihn längst entdeckt. Er fuhr herum, schnappte sich den Grabesnarren, faßte ihn hart an und wollte ihn rausschmeißen. Die kohlschwarzen Augen des Mönchs funkelten gefährlich, sein Mund zischte etwas, das ich nicht hören konnte, das aber wie ein derber Fluch aussah.

Er war nicht nur ein hitziger Geist, er war ein wehrhafter, kurzentschlossener Mann. Ich traute ihm zu, daß er den hageren Narren mit einem einzigen Faustsoß aus der Grabeskirche hinausbefördern würde, wenn der es zu toll trieb. Denn er wollte nicht hören und nicht gehorchen, immer nur ein paar Schritte wich er vor dem Zorn des Schwarzen zurück, so weit, daß der ihn nicht packen konnte, um gleich wieder näher zu kommen, sobald der Mönch sich seiner Arbeit am Eingang des Grabes zuwandte.

Es kam anders. Der Gottesnarr wollte ans Grab, alles andere war ihm vollkommen gleichgültig. Er bettelte, demütigte sich, achtete nicht darauf, ja bemerkte nicht mal, wie viele ihn anstarrten, es fehlte nur noch, daß er den Grabeswächter anmaunzte wie ein Kätzchen. Wieder ging der Schwarze auf ihn zu, aber er schlug ihn nicht, er zog ihn an sich, umarmte ihn und küßte sein dünnes Haar. Dann ließ er ihn durchs Tor ans Grab gehen, vor allen anderen, die lange gewartet hatten.

Wie festgeleimt saß ich auf meiner Bank. Eben war ich Zeuge von etwas geworden, wie es die Apostel in ihren Berichten alle paar Seiten erzählten – einer gleichnishaften Szene, absolut alogisch, unberechenbar, frei. Ein Akt der Liebe. Ich hatte die Uraufführung eines Gleichnisses gesehen, das nicht geschrieben stand.

Ich ging in den Vorhof hinaus, und weil es mir jetzt zu hell war, ging ich gleich links wieder hinein. Ich nahm den äthiopischen Weg, durch ein schmales Tor ins Dunkel der kleinen Kapelle. Ich brauchte ein paar Sekunden, um darin den äthiopischen Mönch zu erkennen, sein schwarzes Habit, sein dunkles Gesicht, reglos saß er da, ein unmerklich atmender Teil der Kapelle, ohne den Gänsemarsch zu beachten, all die Schaulustigen, die sich von früh bis spät durch den engen, nur von wenigen Lichtern hier und da schwach erhellten Grabeskirchenanteil der Äthiopier tasteten.

In einer Nische saß ein Mann, ein Laie, und las laut aus einem Buch, schwerfällig wie einer, der es nicht gewohnt ist, sich durch diese Zeichen zu tasten. Der Mönch neben ihm korrigierte ab und zu ein Wort und gab den Einsatz, wenn der Laie stockte und stolperte, er trieb den mühseligen und beladenen Leser vorwärts, wie ein Bauer sein müdes Rind mit dem Stöckchen treibt. Denn so war es, etwas Beladenes war um den Mann, er büßte eine Schuld ab. Was hat er wohl ausgefressen, dachte ich, was muß er büßen, und hatte im selben Moment eine Szene im äthiopischen Hochland vor Augen.

Einen tyrannischen Grundbesitzer, der seine Knechte hungern läßt und schlägt. So lange, bis einer liegenbleibt und nicht mehr aufsteht. Das ist seine Schuld, er hat seinen Knecht erschlagen, darum ist er hier, um zu büßen für seine Hartherzigkeit, für seine Tat. Er hat den Mönch angefleht, ihm eine andere Buße aufzuerlegen. Lieber würde er gehen, gehen, durch Fels und Wüste, tage- und jahrelang, bis er vergessen haben würde, woher er kam, warum er geht und was war. Aber er darf nicht durch die Wüste gehen, er muß durchs Dornengestrüpp dieser heiligen Texte, er ist so müde vom Lesen, er kann nicht mehr, er strauchelt, bricht ab, schon wieder. Weiter, sagt der Mönch, es ist dir auferlegt, weiter, weiter. Aus dem Mann dringt ein Röcheln, ein Schmerz. Der Mönch lächelt.

Wieder kam ein Gänsemarsch die schmale Treppe herab, wieder stockten die Schaulustigen und staunten vor dem Bild, das die dunkle Kapelle beherrschte. Wieder erklärte es der diesmal weibliche Guide ungeniert laut: «Hier sehen Sie den König Salomo, und das ist die Königin von Saba, die ihn besucht, um seinen Glauben zu prüfen.» Wieder wollte das Filmen und Fotografieren kein Ende nehmen.

Wütend beobachtete ich es und wurde immer wütender in meiner Nische. Es war unerträglich. Das heilige Dunkel, der Mann, der schwer büßte, das ewige Licht, das dort glühte. Ich war drauf und dran, etwas zu tun. Dem Nächstbesten den Apparat zu entreißen, um ihn auf den uralten Steinen zerschellen zu hören. Bevor ich zum Bilderstürmer wurde, sah ich, wie die Guidefrau dem Mönch zulächelte, und der Mönch lächelte zurück und dankte, leicht den Kopf neigend, für den Geldschein, den sie in den Spendenkorb legte, den der Mönch von Zeit zu Zeit leerte.

Man kannte sich, soviel war klar. Und man brauchte sich, die Mönche waren arm, sie waren auf die Spenden derer angewiesen, die sie Tag für Tag durchs Dunkel ihrer Kapelle sich tasten und ihre Lichtbilder machen ließen. Eine große Stille war um diese Mönche in den dunklen Gewändern, mit den dunklen Gesichtern. Sie lebten auf einem Flachdach der Grabeskirche, in einer Kreuzritterruine hatten sie ihr afrikanisches Klosterdorf errichtet. Dort hinauf ging ich, wenn mir der Trubel unten auf dem Vorplatz zuviel wurde.

Dann saß ich auf dem Boden, an eine Mauer gelehnt, und manchmal saß ein schwarzer Mönch auf einem wackligen Stühlchen in verschossenem Blau, in eine schwarze Decke gewickelt, ein besonders hochgewachsener, besonders hagerer Äthiopier, und manchmal lächelte er mir zu, aber ich hatte nicht den Eindruck, irgend etwas tun zu können, das fähig gewesen wäre, ihn aus seiner großen, großen Stille zu holen. Dieser Gedanke tröstete mich ungemein.

DIE NACHT

Eines Tages traf ich in der Grabeskirche einen jungen Priester aus Los Angeles, und schon bald waren wir mitten in einem lebhaften, offenherzigen Gespräch. Wir stellten fest, daß wir gemeinsame Bekannte hatten – keine Menschen zwar, aber immerhin Orte. Er kannte die Gegend in Kansas gut, durch die ich einmal gelaufen war. Als ich meine Absicht erwähnte, über Nacht in der Kirche zu bleiben, sagte er, das traue er sich nicht. Das kam so direkt, daß ich annahm, er habe darüber nachgedacht, es auch zu tun.

Der junge Amerikaner erinnerte mich daran, daß es Menschen gab, die bereit waren, sich einem Fremden sehr schnell zu öffnen, wenn die Umstände danach waren. Hier waren sie danach. Zwei Fremde, fern von daheim, die etwas gemeinsam haben, aber nicht viel Zeit. Er erinnerte mich an sein Amerika, dort waren viele so wie er. Hier herrschte mehr Abstand. Mehr Vorsicht. Wer bist du? Was willst du wirklich? Ich wurde oft angesprochen, nicht nur von den Routiniers im Basar, aber ein freimütiges Gespräch über das, was einem gerade in den Sinn kam, ergab sich nur mit wenigen in Jerusalem.

Dann kam die Nacht. Eine Stunde vor Toresschluß erschien Frère Noël in der Sakristei, eine Plastiktüte in der Hand, und gab mir letzte Instruktionen. «Um sieben Uhr wird das Tor der Grabeskirche geschlossen, dann ist es sehr still hier drinnen bis gegen halb elf. Um diese Zeit kommen die Griechen, und nach ihnen kommen wir. Dann wird es wieder ganz still. Vielleicht öffnen sie das Tor schon um vier Uhr in der Nacht, vielleicht auch nicht – dann öffnen sie es erst früh um sieben. Sie sind also zwölf Stunden hier eingeschlossen. Wollen Sie das wirklich?»

«Ja.»

«Es wird nachts empfindlich kalt, haben Sie etwas Warmes?»

«Ich habe eine zweite Jacke dabei.»

«Und etwas zu essen?»

«Ich esse nachts nicht.»

Der große schlanke Mann mit dem glatten Schädel lächelte wie eine Mutter über ihren widerspenstigen Sohn. Ihn hatte ich um Erlaubnis gebeten, diese Nacht hier zu verbringen, denn er war der Obere der Franziskaner der Grabeskirche. Zehn Brüder lebten und beteten hier. Sie kamen aus Italien, Polen, Südkorea, Japan, Israel, Ghana und Boston. Frère Noël war aus Malta.

Als ich ihn fragte, warum er Franziskaner geworden sei, erzählte er von seiner Kindheit auf der Insel. «Ich kannte die Franziskaner dort, mein Elternhaus stand nahe bei ihrem Kloster. Als Jugendlicher ging ich oft und gern zu ihrer Messe.» Franziskus von Assisi war einer, der ihm gefiel, «ein Mann des Friedens und der brüderlichen Liebe, der die Menschennatur Christi verehrte», und die Lebensweise der Franziskaner gefiel ihm auch, mit achtzehn trat er in ihren Orden ein. Jetzt war er Mitte fünfzig.

Er reichte mir die Plastiktüte. «Nichts Besonderes», entschuldigte er sich, «nur was ich im Refektorium zusammengerafft habe.» Belegte Brote und eine Flasche Wasser und etwas Obst. Ich wollte die Vesper nicht annehmen, aber er bestand darauf, und so nahm ich sie. Er war zufrieden mit mir. «Gut – und eine gute Nacht!» Er warf mir einen letzten prüfenden Blick zu, dann zog er sich zurück.

Es war noch etwas Zeit bis zum Torschluß – die Stunde der Sonderlinge. Drei Russen erschienen jetzt vor dem Grab, ein junger Mann und ein älterer mit dramatisch zerfurchtem Gesicht, in das Strähnen fielen, und eine Frau. Dostojewski-Gestalten. Sie wollten etwas von dem Schwarzen, dem Grabeswächter, und nahmen eine Bittstellerhaltung ein; auf einem russischen Ölbild des 19. Jahrhunderts hätten sie mit den Händen ihre Mützen geknetet. Das taten sie aber nicht, schon weil sie keine Mützen trugen. Der Junge näherte sich dem Mönch, er sollte für die anderen sprechen. Immer wenn der Zerfurchte, der sichtlich unter der Sorge litt, vom Schwarzen abgewiesen zu werden, hinzutreten und eingreifen wollte, legte ihm der Junge die Hand begütigend auf den Arm, und die Frau führte ihn zurück in den Hintergrund.

Der Schwarze war beschäftigt. Eben jagte er einen Dicken fort, der sich, wenn der Grieche nicht hinsah, an wartende Pilger heranmachte, um ihnen eine Führung anzudrehen, auch mich hatte er schon zu werben versucht.

«Laß sie in Ruhe!», fauchte der Schwarze. «Was fragst du sie?»

«Ich frage nichts!»

«Ich frage nichts», äffte der Schwarze ihn nach, dann donnerte er: «Lügner! Los, raus hier, raus mit dir!»

Der Dicke floh, der Schwarze knurrte ihm etwas hinterher, etwas, das man einem Mönch nicht zugetraut hätte. Dann zerrte er die Polizeigitter vom Grabeseingang fort, eines nach dem anderen riß er über die Jahrtausendsteine der Kirche, völlig unbekümmert darum, ob er neue, erratische Graffiti ins Pflaster ritzte, er tat das jeden Abend, es war seine Arbeit. Die Gitter konnten jetzt weg. Der Zug zum Grab dünnte endgültig aus, nur noch ein paar Allerletzte wollten hinein.

Dies war die Gelegenheit für den jungen Russen, ihn anzusprechen. Was sie redeten, konnte ich nicht verstehen, sie sprachen leise. Es schien aber nicht schlecht zu laufen für den jungen Mann, der Schwarze hörte ihn immerhin an und jagte ihn nicht gleich weg. Jetzt tönten laute Schläge vom Tor her, Metall auf Metall, das Signal zum Verlassen der Kirche, und die sechs großen Leuchter vor der Grabeskapelle wurden gelöscht. Die Nacht machte Fortschritte. Nur am Tor war es noch hell, die Leuchter über dem Salbungsstein brannten, und vom Vorhof fiel Licht herein, tiefer drinnen war es nun menschenleer.

Dunkelheit und Stille, die Schwestern, kamen aus ihren Nischen, nahmen Raum um Raum, warteten in einigem Abstand zum Tor, bald würde ihnen die ganze Grabeskirche gehören. Ein schöner Moment war es, den franziskanischen Italiener am Fuße einer der mächtigen byzantinischen Säulen lehnen zu sehen. Der Tag fiel von ihm ab, die Geräusche verebbten, die Bitten und Fragen, das Scharren der Füße, das Blitzen der Fotos, das Bändigen der bloß Neugierigen während der Messen und Prozessionen. All das gehörte zu dem

Dienst, den er täglich versah. Aber nun zeigte sich ihm das Warum. Ein Moment wie nach einem großen Konzert, wenn die Tausende fort sind und die Musiker beieinanderstehen, beieinander und doch jeder bei sich. So standen sie da, die Griechen, die Kopten, die Armenier, die Franziskaner, jeder allein mit seiner Kirche wie der Italiener oder in Grüppchen.

Ich war nicht der einzige, der über Nacht blieb, wir würden zu dritt sein. Man wies uns an, auf einer Bank beim Tor zu warten. Ein Flügel war schon seit einer halben Stunde geschlossen, jetzt ging der Torwächter daran, auch den anderen zu schließen und die Kirche abzusperren. Ein Franziskaner half ihm dabei.

Der Tordienst an der Grabeskirche war das Privileg zweier moslemischer Familien, seit Jahrhunderten. Ein Sultan hatte es so bestimmt, um Streitigkeiten unter den Christen zu beenden. Der Moslem, der an diesem Abend den Dienst versah, ein Mann mit der Statur eines Boxers, schnappte sich das Leiterchen, das in der Ecke stand, ging damit hinaus und zog den offenen Flügel zu. Draußen, ich hatte es oft gesehen, lehnte er jetzt die Leiter ans Tor, um an das schwere altertümliche Schloß heranzukommen. Ein paar Schläge noch, und wir waren eingeschlossen.

Nur das Leiterchen mußte noch zurück durchs Tor. Es erschien in einer offenen Klappe, der Franziskaner aus Ghana zog es herein. Dann verschloß er die Klappe, die einzige Öffnung zur Außenwelt, und ließ uns allein. Auch er und seine Brüder waren nun eingeschlossen bis zum Morgen wie wir. Die beiden anderen, die über Nacht blieben, waren Frauen um die dreißig, eine Amerikanerin und eine Spanierin, den wenigen Worten nach, die sie wechselten. Sie setzten sich neben mich auf die Bank, standen aber bald auf, gingen in die Grabeskapelle und kamen die nächsten Stunden nicht wieder heraus. Ich konnte sie sehen, ein Bildnis in einem riesigen schwarzen Rahmen, sie knieten am Grab und beteten.

Zeit verging, eine Stunde, zwei Stunden, drei. Ab und zu ein Läuten irgendwo draußen wie von sehr fern, mehr ließen die dicken Mauern nicht durch. Ich saß im Dunkeln und stopfte die Hände tiefer in die Taschen, meine Finger waren steif gefroren. Nur aus dem Grab drang schwaches Licht, das helle Viereck, in dem die Frauen knieten, alles andere war dunkel, die hohe Kuppel über uns lag in schwarzer Nacht.

Ich stand auf, um eine Runde zu gehen. Die Steine unter meinen Füßen, keiner glich dem anderen – schwarz, weiß, rot, braun, gespalten, geviertelt, zermalmt, die Spuren von Feuer und Schwert; der gespaltene Fels in der Kapelle der Griechen; die rußschwarze Höhle der Syrer, ein Kerzenflackern, Goldglanz von Mosaiken her; und wieder die kleinen Kreuze, die Wände übersät davon. Ich hatte das nun alles für mich, wie ein Nachtwächter drehte ich meine Runde, dann kehrte ich zu meiner Bank zurück. Was saß ich hier? Die Frauen knieten noch immer drinnen am Grab. Vollkommene Stille.

Irgendwann Schritte. Einer ging durch die Kirche, nur ein Schattenriß, ein Kopte vielleicht, er kam aus deren Bereich. Er sah mich, blieb stehen, machte mir Zeichen, die ich nicht verstand. Ich ging hin. Er zeigte auf seine nackten Füße, sie steckten in Badelatschen, auch sonst war er leger angezogen, ein ägyptischer Mönch in Zivil. Ich verstand immer noch nicht, was er wollte, und machte eine fragende Geste. Er zeigte wieder auf seine Füße, nahm sein bißchen Englisch zusammen und sagte: «No good, because is holy place here.»

Nun zeigte ich auf meine soliden, geschlossenen Schuhe, die Abu Salomon so gelobt hatte, und er machte eine Okay-Geste. Wollte er mir sagen, in Badelatschen durch die Grabeskirche zu laufen, gehöre sich nicht? Ich hatte nicht vor, in Badelatschen hier herumzulaufen, er selbst war es doch, der das tat. Ich gab es auf, ihn zu verstehen, und kehrte, beruhigt durch seine letzte Geste, zu meiner Bank zurück. Er sagte auch nichts mehr und trug seinen Putzeimer noch mehrmals hin und her, denn darum war er so spät unterwegs, um sein Kloster zu putzen.

Wieder blieb er stehen und sah herüber. Jetzt kam er zu mir, setzte sich neben mich und zeigte mir, was ihm mißfiel. Er deutete die übereinandergeschlagenen Beine aber nur an – so hatte ich offenbar dagesessen, mit übergeschlagenen Beinen, gedankenlos, eine Gewohnheit. «It's holy place, Mister», wiederholte er. «It's not coffeehouse.» Das war es also. Er war streng, und er hatte ja recht, auch Körperhaltungen sind Haltungen. Nein, ich saß nicht im Café, ich saß ein paar Meter gegenüber dem leeren Grab, an dem alles hing, von dem alles ausging.

Gegen halb elf holten mich Geräusche vom griechischen Sektor her aus meinem Dasitzen. Ein junger Mönch trug eine lange Leiter herbei, ich kannte sie, tagsüber lag sie achtlos im Seitenschiff, und auch ihn kannte ich. Mit seiner Hornbrille und seinem Bart unter der schwarzen Strickmütze wäre er in Berlin als Hipster durchgegangen. Er lehnte die Leiter an die Grabeskapelle, schürzte die Kutte, stieg hoch und entzündete die Öllampen über dem Eingang. Dann schleppte er Teppiche heran und rollte sie zur Kapelle hin aus. Diese Vorbereitungen dauerten eine ganze Weile. Um halb zwölf erschien der

Franziskaner aus Boston und zündete in der Grabeskapelle die Kerzen an, dann setzte er sich und wartete.

Ich hatte mich ins Dunkel zwischen den Welten zurückgezogen, ins Grenzgebiet zwischen Rom und Byzanz – links die Kapelle der Franziskaner, rechts das Katholikon der orthodoxen Griechen im Mittelschiff. Beide begannen nun, die Römer ihre Vigil, die Byzantiner ihren Nachtdienst, und meine neue Position hatte den Vorteil, beide zu hören. Im linken Ohr hatte ich den steten Sprechgesang der Lateiner, im rechten Ohr den Sang der Griechen, anbrandend in Wellen, ans Ufer schlagende See, so saß ich da, hörte, die Augen geschlossen, und es trug mich an eine andere Grenze.

Einem Deutschen mußte doch klar sein, wo der Limes verlief. Hier das Reich der Vernunft – helle, bilderlose Kirchen mit Kanzeln und Predigten, das Reich der Worte. Dort der Köhlerglaube – weihrauchbenebelte Welt der Wunder, heiliges römisches Reich der Bilder, nie ganz von dieser Welt. Ich lag auf der Bank, die Grenze ging mitten durch mich hindurch. Bitterkalt war es, mein Arm glitt herab, ich spürte Plastik, die Vespertüte, setzte mich auf, packte Frère Noëls Gaben aus, dankte im stillen. Es tat gut, etwas zu essen, und sei es Wasser und Brot. Mitternacht, ich saß in der Grabeskirche, näher war dem Geheimnis nicht zu kommen auf dieser Erde. Von den Lateinern klang ebenmäßiger Gesang herüber, reine Vernunft – von rechts her, von den Griechen, alles bewegt; auf und ab, hin und her liefen Stimmen wie Sänger. Der Limes, hier trennte er Rom und Byzanz.

Als alles verklungen war und das Weihrauchfaß ein letztes Mal um das Geschehen herumgetragen, zogen die Mönche sich in ihre Konvente zurück, die Lichter wurden gelöscht und die Türen der Lateiner und Griechen verschlossen. Nun blieben nur noch Frauen zurück, einige Nonnen und die zwei, die die Nacht hier verbrachten.

Eine Stille trat ein, die Frauen gehörten ihr an. Sie blieben, nachdem die anderen fort waren, sie taten nichts als das. Und dieses Stehen, noch nicht gehen wollen, nicht fortgehen können, ich kannte es, eine unauslöschliche Szene im inneren Reservoir. Geschichten von Kindheit an, später in Musik gegossen, die ich in der Passionszeit hörte. Stabat mater dolorosa, das Stehen und Verharren der Frauen am Freitag beim Kreuz, am Ostermorgen beim leeren Grab. Wahrheit der Bilder, in zig Leben und Kriegen beglaubigt.

III. STILLE KRIEGE

DIE SIEDLER

«Wir, die wir vorher Abendländer waren, sind nun Orientalen, wer ein Römer oder Franke war, ist hier ein Galiläer oder Palästinenser geworden, wer sich als Einwohner von Reims oder Chartres fühlte, empfindet sich jetzt als Tyrenser oder Antiochener. Schon haben wir die Orte unserer Geburt vergessen.»

Staunend las ich diese Sätze aus dem Bericht eines Siedlers über sein neues Leben im Heiligen Land, denn er hatte ihn vor rund achthundert Jahren niedergeschrieben, ein Mann namens Fulcher von Chartres. Auch auf die privaten Verhältnisse der Siedler kam er zu sprechen: «Andere Lateiner sind verheiratet, nicht nur mit Frauen aus der früheren Heimat, sondern auch mit Syrerinnen und Armenierinnen, ja selbst mit Musliminnen, jedoch selbstverständlich nur mit getauften.»

Fulcher hatte seine Heimatstadt Chartres zu der Zeit verlassen, als dort, weithin sichtbar, die neue Kathedrale aus der Ebene in den Himmel wuchs, das Urbild europäischer Hochgotik. Ihn aber zog es fort ins ferne morgenländische Jerusalem, und Tausende Europäer taten es ihm gleich, Franzosen wie er oder Italiener meist, aber auch Siedler anderer Nationen. Deren erste Welle waren Ritter und Soldaten, die am erfolgreichen Kreuzzug von 1099, an der Eroberung Jerusalems teilgenommen hatten, dann aber, statt nach Europa heimzukehren, im Heiligen Land blieben. Die danach kamen, waren Siedler von vornherein. Sie hofften, in den jungen christlichen Staaten dort ein neues, besseres Leben zu finden. Vier Kreuzfahrerstaaten entstanden nach 1099 – die Grafschaften Edessa und Tripolis, das Fürstentum Antiochia und das Königreich Jerusalem.

Europa hinter sich zu lassen, um als Handwerker in Jerusalem oder Tyrus zu leben oder als Neubauer draußen im Land, das war eine radikale Lebensentscheidung. Es gab so leicht kein Zurück. Kein Wunder, wenn Fulcher einen so rasanten Identitätstausch feststellt. Zwar gab es einen fast regelmäßigen Schiffsverkehr zwischen italienischen Hafenstädten wie Amalfi oder Venedig und dem Heiligen Land, aber die Siedler konnten ihr neues Leben im Orient nicht an eine so verletzliche Nabelschnur in die alte Heimat binden – zu teuer, zu umständlich, zu gefährlich. Man durfte nie sicher sein, eine solche Reise lebend zu überstehen.

Die Siedler waren auf sich gestellt, sie mußten sich um Lebensmittel, Waffen und Waren aller Art kümmern, auch mußten sie heiratswillige Frauen suchen. Und wozu die gefahrvolle Fahrt nach Sizilien, Aquitanien oder gar noch tiefer nach Innereuropa hinein auf sich nehmen und dort in der alten Heimat auf Brautschau gehen, wenn das Glück doch viel näher zu finden war?

Vor achthundert Jahren war der Orient bei weitem nicht so entchristlicht wie heute. Syrien, Palästina, das war altes christliches Land. Und in byzantinischer Zeit beschrieben Reisende die Wüste von Judäa als nahezu überfüllt von frommen Eremiten. Bis Kalif Omar Jerusalem eroberte, hatten diese Länder zum christlichen Reich von Byzanz gehört, aber auch zu Fulchers Zeit – über drei Jahrhunderte nach Ankunft der islamischen Heere – war das Ursprungsland der Christen alles andere als rein moslemisch.

Es gab nicht nur christliche Orte und Gegenden, es gab sogar ein christliches Königreich ganz in der Nähe, das damals weniger ferngelegene Armenien, die Beziehungen der Kreuzritter dorthin waren lebhaft. So fanden nicht nur einfache Siedler genügend alteingesessene christliche Frauen in ihrer neuen Heimat, auch der Adel konnte sich standesgemäß vermählen, ohne den Orient verlassen zu müssen. Etliche Könige von Jerusalem heirateten armenische Prinzessinnen.

Und es gab die große Ausnahme unter den Städten der Welt: Jerusalem. Als der Pilger Johannes von Würzburg in den sechziger Jahren des 12. Jahrhunderts hierherkam, fand er ein lebendiges, erstaunlich internationales christliches Leben vor – wieder las ich einen verblüffend hellen Bericht aus dem angeblich so finsteren Zeitalter. Das Jerusalem, in das Johannes vor achthundert Jahren eintauchte, hatte viel von der Stadt, durch die ich seit Wochen lief. «Dort gibt es nämlich», zählt Johannes auf, «Griechen, Lateiner, Deutsche, Ungarn, Schotten, Navarresen, Engländer, Ukrainer, Böhmen, Georgier, Armenier, Surianen, Jakobiten, Syrer, Nestorianer, Inder, Ägypter, Nubier, Maroniten und viele andere, die aufzuzählen zu weit führen würde.»

Wie gern hätte ich mit dem Würzburger Johannes am Jaffator einen Kaffee getrunken, um anschließend mit ihm durch die Christian Quarter Street zur Grabeskirche zu gehen. Ich hätte ihm Abu Salomon vorgestellt, der seine Familie bis in Fulchers Zeit zurückführte, und ihm die Kniegelenksäulen in der Grabeskirche gezeigt, die seine Kreuzritter gesetzt hatten – alles noch da.

Der Zuzug ins Königreich Jerusalem aus der Alten Welt war nicht alles – die jungen Kreuzfahrerstaaten strahlten auch auf die urchristlichen Orte und Gegenden der Umgebung aus, sie zogen orientalische Christen in ihre Burgen, Mauern, Städte. Zwar waren die Kreuzritter als Krieger gekommen, und die Eroberung Jerusalems war ein blutiger Akt gewesen, aber dann begannen sie, das eroberte Land zu entwickeln, in einem enormen Tempo.

In den wenigen Jahrzehnten, die ihnen beschieden waren, bauten die Kreuzfahrer nicht nur Kirchen, Hospitäler, Paläste und Burgen. Sie errichteten neue Dörfer und trieben Landwirtschaft, bevorzugt in Gebieten, in denen orientalische Christen lebten. Auf dem Höhepunkt ihrer Macht dehnten die lateinischen Fürsten ihre Herrschaft nach Osten hin bis über den Jordan aus und nach Syrien bis zu den Golanhöhen.

Nicht nur das Wirtschaftswunder machte die Kreuzfahrerstaaten attraktiv – sie boten manche Freiheit, die in ihrer Zeit kein anderes Land bot, sie gewährten, wie es für junge, um Zuzug werbende Staaten typisch ist, anderswo unbekannte Rechte, ein etwas freieres Leben, zumal für Frauen. Bei der Heirat stand einer Frau im Königreich Jerusalem ein vergleichsweise hohes Vermögen zu, über das sie nach dem Tod des Mannes frei verfügen durfte, ein Recht von einiger lebenspraktischer Bedeutung in einem ständig von Kriegen bedrohten Land. Und war eine Witwe adelig, war es ihr gestattet, sich halbwegs frei einen neuen Mann zu suchen.

Jerusalem leuchtete aber nicht nur Christen in aller Welt heim. Immer wieder über die langen Jahrtausende des Exils erwachte auch der jüdische Zuzug. Eines Tages brach in Spanien oder in einem weltfernen galizischen Städtchen ein Rabbi auf, und Dutzende oder sogar Hunderte seiner Schüler folgten ihm nach Jerusalem, um dort eine Synagoge zu bauen und einen Wohnhof. Sehr lange hatten diese jüdischen Züge nach Jerusalem einen rein religiösen Charakter. Manche dieser rabbinischen Siedlungen hielten sich länger, manche kürzer. Erst als nicht immer nur Rabbis mit ihrem frommen Gefolge, sondern auch Soldaten und Bauern kamen, wurde ein Staat daraus.

In diese Dinge vertiefte ich mich, wenn ich, müde von meinen Wanderungen durch die Stadt, auf dem Bett lag und eines der Bücher aus dem Stapel hervorzog, den mir Paulus, der Franziskaner, mitgegeben hatte. Manchmal las ich die halbe Nacht und konnte dennoch nicht schlafen, zu bewußt wurde mir, wo ich hier war. Nach einer solchen durchlesenen, durchwachten Nacht ging ich früh zur Grabeskirche, sie wurde eben aufgeschlossen. Und wer ging vor mir als erster durchs Tor hinein? Dostojewski und sein Gefolge. Jetzt sah ich, was der zerfurchte Russe von dem griechischen Mönch gewollt hatte – die Erlaubnis, die Grabeskirche zu malen.

Er stellte eine kleine Staffelei auf, packte Pinsel und Farben aus und enthüllte das Bild, an dem er arbeitete, ein Interieur der Basilika mit der Grabkapelle als dunkelglühendem Zentrum. Er selbst war nicht ansprechbar, ich versuchte es erst gar nicht und wandte mich an den Jüngeren. «Er ist ein berühmter Ikonenmaler», sagte er in gedämpftem Ton. «Wir sind aus Rußland. Er hat die heilige Ikone an der Rückseite der Grabkapelle restauriert. Er ist mein Vater.»

Die Dritte war die Frau des Malers, die Mutter des jüngeren

Mannes. Alle drei hatten nun ihre Staffeleien vor sich, alle drei vertieften sich in ihre Bilder. Ab und zu schaute der Alte zum Werk des Jungen hinüber, manchmal ging er hin und zog eine Linie kräftiger nach und holte das Bild seines Sohnes aus seiner scheuen Blässe.

ADA

Jemanden daheim zu besuchen war nie ganz einfach. Eines ist es, eine europäische oder amerikanische durchnumerierte gerade Straße entlangzugehen und bei der gesuchten Hausnummer zu schellen. Nicht so in Jerusalem. Es konnte sein, daß eine Straße als arabische begann, mittendrin jüdisch wurde und als etwas Drittes endete, als äthiopisches Kloster, als syrischer oder maronitischer Konvent. Oder die Tür war nicht auf den ersten Blick zu finden, weil man zu ihr nur durch einen gewissen Gang oder Tunnel gelangen konnte, über einen unscheinbaren Treppenaufstieg und so fort.

Da Jerusalemer einen Fremden ohnehin für unfähig erachten, ihre Stadt zu begreifen, erhielt ich von jedem, der mich einlud, übergenaue Wegweisungen, mündlich in langen Telefonaten oder auf einen Zettel gekritzelt. Und jedesmal stellte sich heraus, so furchtbar schwer war es gar nicht, ihn oder sie zu finden. So kompliziert das alte Jerusalem sich gab, es blieb ja, was es war – ein Quadratkilometer. Zu wem immer, es waren bloß ein paar Minuten, nur ein paar Ecken weiter.

Auch der Weg zu Ada war so: kompliziert, aber kurz. Als wir uns zuletzt gesehen hatten, lag der Krieg im Libanon, in dem ihr Sohn gekämpft hatte, erst wenige Jahre zurück. Kriege waren Marken in Adas Leben. Sie war es, die als Mädchen mit ihren Eltern auf Westjerusalems Dächern gestanden und Ausschau nach ihrem verlorenen Haus im jüdischen Viertel gehalten hatte. Ihre Geschichte hatte Ähnlichkeit mit Noras Geschichte, es war nur alles andersherum. Nach 1948 geboren – dem Jahr der Eroberung des jüdischen Viertels durch arabische Truppen und der Teilung Jerusalems in eine jordanische Oststadt und den israelischen Westteil – kannte sie das Haus ihrer Familie, das jüdische Viertel, das ganze alte Jerusalem nur aus Erzählungen der Eltern und eben von ferne, vom Dach.

Und es ging mir bei Ada auch ein wenig wie bei Nora. Was wir in unserer peinlich aufgeräumten, bis in den letzten Winkel ausgeleuchteten und geordneten Welt «Vergangenheit» nennen, hier stand es im Präsens. Was gewesen war, sei es vor zehn Jahren oder vor zweitausend, darum konnte es vorübergehend still werden, es konnte eine Weile ruhen, aber selbst dann lag es wach, lag in der Luft, immer in Reichweite. Es gab viele hier, die das empfanden – manche so stark, daß ihr Leben unter dem Stern der Erinnerung stand.

Natürlich, auch Jerusalem kannte einen Alltag, ein Einfach-nur-leben-Wollen, privates Glück und Unglück. Ada hatte beides in Fülle erlebt, beim Tee sprachen wir über die Freuden und Leiden der Jahre, in denen wir uns nicht gesehen hatten. Aber wie leicht wechselte das Gespräch vom ganz und gar Privaten zum ganz Großen. Die Hoffnungen und Verluste, die Kämpfe, Kriege, Siege, all das war immer nahe.

Der letzte große Sieg im Kampf um Jerusalem war die Eroberung der Altstadt und der östlich angrenzenden Gebiete durch die israelische Armee 1967 gewesen. Die vermauerten westlichen Stadttore wurden aufgebrochen, der Weg ins jüdische Viertel und zur Klagemauer war wieder frei. Eigentlich, erzählte Ada, sei bei den Friedensverhandlungen auf Rhodos 1949 vereinbart worden, den Juden freien Zugang zur Klagemauer zu gewähren. «Aber die Jordanier hielten es nicht ein. Ich sah die Klagemauer zum erstenmal im Leben 1967, wir rannten alle hin. Alle, die 1948 aus dem jüdischen Viertel vertrieben worden waren, wollten wieder dorthin zurück, wie meine Eltern. Auch ich zog hin. Alles war in einem üblen Zustand, alles kaputt, über sechshundert Wohnungen. Es war ein akrobatischer Akt, dort herumzulaufen, alles lag in Trümmern.»

Nicht nur unter dem Krieg von 1947 bis 1949 hatte das Viertel gelitten, es war danach von den siegreichen Arabern geplündert und zerstört worden. Die vielen Neubauten ließen etwas davon ahnen. Das jüdische ist das einzige der vier Viertel Jerusalems, das nicht durch und durch alt aussieht. Nach 1967, erzählte Ada, sei eine Organisation eigens für den Wiederaufbau des frisch eroberten jüdischen Viertels geschaffen worden. «Es sollte ein Ort für alle Juden sein – für solche im Anzug und für die im Blaumann, für osteuropäische Aschkenasim und orientalische Sepharden, für fromme und weltliche, ein kleiner Garten Israel. Es gab regelrechte Quoten bei der Vergabe der Wohnungen.» Dieser Garten habe sich sehr verändert. «Heute prägen religiöse Sekten unser Viertel. Viele, die das nicht mögen, sind fortgezogen. Die Sekten kaufen dann ihre Wohnungen und werden immer mehr.»

«Und du», fragte ich, «wirst du etwa auch gehen?» Noch vor einer Stunde wäre mir das nicht in den Sinn gekommen. Die Ada, die ich vor zehn Jahren kennengelernt hatte, war mir Gesicht und Herz des jüdischen Viertels geworden, sie gehörte hierher. Als ich sie hatte anrufen wollen vor Tagen und merkte, daß ich ihre Telefonnummer samt Adresse verloren hatte, war ich, ohne groß zu überlegen, in den erstbesten Judaika-Laden irgendwo bei der Hurva-Synagoge gegangen – einfach weil ich fand, die Ladenbesitzerin sähe aus, als könne sie Ada kennen. Und sie kannte sie nicht nur, die beiden waren alte Freundinnen. So war es mit Ada und diesem Viertel.

Ihre Familie mütterlicherseits war um 1800 aus Österreich-Ungarn eingewandert, ihr Vater in den 1920er Jahren, auch aus Österreich. Diese Leute waren ins staubige, heiße Palästina gekommen mit der einzigen Aussicht, hart zu arbeiten, sehr hart. Adas Vater hatte es zuerst als Landwirt versucht, und das Klima und die ungewohnten Verhältnisse hatten ihm nicht weniger zugesetzt als den mitteleuropäischen Doktoren und Professoren, die nach ihm kamen. Diese gebildeten Städter fanden sich auf Plantagen im Vorderen Orient wieder, und statt heim in ihre bürgerlichen Wiener, Breslauer oder Berliner Wohnungen gingen sie nach einem Tag in Hitze und Staub abends in die Gemeinschaftsspeisesäle und Kollektivbaracken der Kibbuzim – als habe eine Hand sie aus ihren Praxen und Seminaren herausgerissen und in dieses fremde, halbwüste Land geworfen, auf Felder und in eine Bauern-und-Soldaten-Existenz, auf die nichts in ihrem bisherigen Leben sie vorbereitet hatte.

Adas Vorfahren waren gekommen, um Jerusalemer zu

werden wie andere Jerusalemer auch, seien es moslemische, armenische, griechische oder katholische – und nicht mit starken Ansichten darüber, wie der alte Laden auf Zack zu bringen sei und die Viertel der anderen in die richtigen Hände. Für so etwas hätten sie gar keinen Sinn und keine Zeit gehabt und auch nicht die Macht. Adas Vorfahren waren anfangs sehr fremd gewesen in ihrem geliebten Jerusalem und sehr arm.

«Meine beiden Großmütter buken ihr Brot selbst, beide Familien waren so arm, daß sie auf *Schno* angewiesen waren, so nannte man damals Geldspenden, die Juden in den Heimatländern der Auswanderer nach Palästina sammelten, es wurde dann hier nach Landsmannschaften verteilt.»

«*Schno* – was heißt das?»

«Ich weiß es nicht genau, aber ich nehme an, das Wort ist mit ‹schnorren› verwandt. Auf jeden Fall heißt es, auf milde Gaben angewiesen zu sein.»

Wir sprachen über Araber und Juden. Ada erzählte, trotz der Verheerungen von 1948 hätten die jüdischen Rückkehrer 1967 arabische Familien in ihrem Viertel vorgefunden. «Sie hatten einige Häuser besetzt, die mußten sie nun räumen. Das war gerecht, es waren ja unsere Häuser. Und sie wurden nicht einfach rausgeworfen, man bot ihnen Ersatz an. Eine arabische Familie ging deswegen vor Gericht, ihre Klage wurde abgelehnt mit der Begründung, es sei nun einmal das jüdische Viertel. Und heute drängen jüdische Siedler ins Moslemviertel.» Sie mißbilligte das. «Mein Onkel besaß vor 1948 einen Wohnhof im moslemischen Viertel. Und was tat er, als er 1967 wieder hingehen und sein Eigentumsrecht ausüben konnte? Er vermietete die Wohnungen darin an die arabischen Familien, die in ihnen lebten, und die Araber zahlten wieder Miete an ihn, das war alles, und es lief sehr gut. Bis dieser Mann kam. Ich nenne ihn den *Mukhtar* der Siedler.»

Dieser Mann – er war eine Berühmtheit in Jerusalem, und ein arabischer *Mukhtar* war von alters her der unbestrittene Patriarch eines Dorfes oder einer *Mahalla*, eines städtischen Viertels. Dieser Mann also, fuhr sie fort, war Adas Onkel angegangen, weil er als Jude an Araber vermietete, und hatte ihn so lange unter Druck gesetzt, bis der alte Mann aufgegeben und sein Haus an Leute des *Mukhtar* verkauft hatte. «Es ist heute eines der Siedlerhäuser im arabischen Viertel, eines von etwa sechzig.» Diese Häuser seien legal gekauft, sagte sie, «aber es ist moralisch falsch. Ich darf meine Wohnung hier im jüdischen Viertel nicht an Nichtjuden verkaufen, aber die Siedler dürfen im arabischen Viertel kaufen.»

Sie hatte meine Frage noch nicht beantwortet, jetzt tat sie es. «Ja, ich denke darüber nach, zu gehen.» Diejenigen im Viertel, die ähnlich dächten wie sie, würden immer weniger. «Wir waren fünfundfünfzig Familien in unserer Synagoge, jetzt sind wir noch fünfzehn. So sieht es aus.»

Wieder mußte ich an Charly denken: «Wir sind die Letzten.» Adas Melancholie hatte Ähnlichkeit mit seiner. Und wieder war es nur ein Schritt von ihrer persönlichen zur ganz großen Lage. Wir saßen an ihrem Tisch, tranken Tee, ab und zu fiel mein Blick auf die Gräber drüben am Ölberg. Die Schauplätze und die Zeiten, um die es im Gespräch ging, wechselten oft, und doch blieb es beim Thema.

«Die Besatzung», sagte sie, «nimmt kein Ende, und sie schadet uns selbst. Sie verändert das Land. Unsere jungen Leute müssen zum Militär – wer aber jahrelang nachts in fremde Häuser geht und Leute am Checkpoint schikaniert, ist nicht mehr der, der er vorher war. Ich sehe doch, wie aggressiv sie Auto fahren, wie sie in der Warteschlange fluchen und drängeln. Mir tut das weh, ich will nicht, daß unsere Kinder so werden.»

Sie kam auf ihre eigenen Kinder zu sprechen, die sie über alles liebte, natürlich waren sie bei der Armee gewesen. «Mein Sohn saß achtundvierzig Stunden in Militärhaft. Ein alter Araber stand für irgendeinen Stempel an, vor ihm ließ der diensthabende Soldat das Gitter runter: Komm morgen wieder. Mein Sohn zog es wieder hoch und gab ihm den Stempel. Es war nicht seine Aufgabe – achtundvierzig Stunden Haft. Ich bin stolz auf ihn!»

SOLDATEN

Grabeskirche, Klagemauer, Tempelberg – diese drei waren die Pole meiner Wanderungen. Wie sehr ich mich auch treiben ließ, welche Wege ich auch nahm, immer wieder endeten sie an Jerusalems heiligsten, entzündlichsten Stellen, und an allen dreien traf ich Soldaten. Manchmal wurde eine Kompanie durch die Grabeskirche geführt, unbewaffnet, ihre Gewehre ließen sie draußen zurück. Manchmal, wenn es wieder Unruhen auf dem Tempelberg gab, wurden Soldaten dort oben eingesetzt, bewaffnet. Und alle paar Wochen geriet ich, aus der Al-Wad-Straße ins helle Licht tretend, in eine Rekrutenvereidigung vor der Klagemauer, dann lagen Hunderte Sturmgewehre auf Waffentischen, Lauf an Lauf.

Neulich waren es Fallschirmjäger gewesen, diesmal war es Infanterie. Wieder sperrten Gitter ein großes Karree auf dem Vorplatz ab, warteten die jungen Soldaten auf den Beginn der Zeremonie, ließen ihre Offiziere sie ab und zu stillstehen, sich rühren, salutieren, den Eid skandieren, junge Soldaten wie überall auf der Welt. Die einen gaben sich kühl hinter ihren Sonnenbrillen, andere gaben den harten Hund, wieder andere rangelten miteinander im Spaß, sichtlich aufgekratzt vor dem großen Ereignis. Noch rasch ein Telefonat, ein Foto, eine Verabredung für danach, Pläne für ein Leben nach der Armee. Familien und Freundinnen standen am Gitter, stolz auf ihre Söhne, stolz auf ihre Verlobten.

Eine lässige Männlichkeit legten die jungen Soldaten an den Tag, wie es eben ist, wenn man seine Grundausbildung hinter sich hat und ein gänsehautträchtiges Zeremoniell vor sich. Die Sonne stand tief, braungebrannt waren sie alle, wahrscheinlich kamen sie frisch von einem Truppenübungsplatz in der Negevwüste. Nur ein einziger trug Schläfenlokken, einer unter Hunderten, und sie fielen kaum auf – dünne rotblonde Strähnchen auf brauner Haut, der erste nicht kreidebleiche Ultraorthodoxe, den ich in Jerusalem sah.

Mir fiel auf, wie wenige seinesgleichen an der Klagemauer beteten um diese Stunde, nur zehn, fünfzehn vielleicht, das war ganz ungewöhnlich. Sonst nistete ein großer schwarzer Schwarm an der zyklopischen Mauer, in deren erreichbare Fugen Menschenhände lauter Gebetszettelchen gesteckt hatten; aus den höher gelegenen Ritzen wucherte es, wie bei einem lebenden Wesen die Behaarung. Hier, wo sonst ein reges Kommen und Gehen herrschte, wo Männer in Kaftan und Gebetsschal beisammenstanden und aus ihren Gruppen alle paar Minuten Gebet und Gesang aufbrandete, war es nun still und beinah leer. Mieden die Frömmsten der Frommen die Klagemauer an Tagen, an denen die Armee sie besetzte und entweihte in ihren Augen? So schien es.

Ein alter Mann, leicht als streng Orthodoxer zu erkennen, stand neben mir und betrachtete die militärische Szene, und es zeigte sich, daß seinen scharfgeschnittenen Zügen eine nicht minder ausgeprägte Geistesschärfe entsprach. Ich fragte ihn, wie er über die Rekrutenvereidigung denke, und er parierte die Frage im Handumdrehen:

«Ich habe keine Meinung, was denken Sie?»

«Ich habe auch keine Meinung, ich bin kein Israeli.»

«Sie müssen kein Israeli sein, um eine Meinung zu haben.»

«Also gut, ich denke, wenn Israel eine Nation sein will, braucht es so etwas, um länger als siebzig Jahre zu existieren.»

«Und ich denke, wie lange Israel existiert, liegt in jemandes anderen Hand.»

Nicht eifernd sagte er das, keine Spur von Fanatismus lag darin, er sagte es etwa so, wie man sagt, ich denke, es wird heute noch regnen, und wechselte das Thema.

«Woher sind Sie – Südafrika?»

«Deutschland.»

«Deutschland war mal sehr stark, militärisch gesehen.»

«Ja, das war es mal.»

«Sehen Sie!»

Militärmusik quoll aus den Lautsprechern und machte unserem Gespräch ein Ende, es war ja auch alles gesagt. Man redete nicht lange um den heißen Brei herum in Jerusalem, das war etwas, was mir gefiel. Der alte Herr grüßte und ging – er sei verabredet. Eine Fanfare jetzt, schmissig. Noch einmal kam das Kommando zum Salutieren, ein Offizier gab letzte Anweisungen. Und stillgestanden! Und jetzt alle! «Ani nishba!» Ich schwöre! Ich schwöre! Ich schwöre! Zug um Zug donnerte den Eid in den roten, warmen Abend.

Ich stieg die Treppe zum jüdischen Viertel hinauf. Vor einer der vielen Thoraschulen, die den Hang gegenüber der Klagemauer besiedeln, stritten Studenten mit einem Mann, der offenbar zur Vereidigung seines Sohnes unten auf dem Platz unterwegs war. Sie würden den Staat nur ausnutzen und andere die Drecksarbeit tun lassen, das etwa warf der Soldatenvater den Thorastudenten vor, die natürlich allesamt nicht gedient hatten. Überall im Land flammten in jenen Wochen erbitterte Kämpfe um die Frage auf, ob nicht endlich auch Ultraorthodoxe zur Armee eingezogen werden sollten, ein Ansinnen, das diese wütend von sich wiesen. In manchen ihrer Hochburgen hatte es Gewaltausbrüche gegeben.

«Die Armee und der Staat», warf ein Student dem Soldatenvater an den Kopf, «sie sollen uns in Ruhe lassen! Wir wollen die Thora studieren, das ist das Wichtigste.» Darauf der Vater: «Das Wichtigste ist, nur wir selber können uns helfen, sonst hilft uns keiner. Vielleicht nehmt ihr, in einer Pause eures Thorastudiums, mal die Landkarte her: Wir sind von Feinden umringt, die nichts lieber wollen, als dieses Land auszulöschen, begreift ihr das denn nicht? Die Armee ist unsere Stärke!» Der Student zeigte sich unbeeindruckt vom Appell an seinen Patriotismus: «Ich kenne die Landkarte, sie gibt uns recht, nicht Ihnen. Wir sind wenige Millionen, und die Araber sind Hunderte Millionen, also bitte – die Thora ist unsere Stärke, nichts sonst. Worauf sollen wir denn hoffen, wenn nicht darauf?»

Unten auf dem Vorplatz brach jetzt die Militärmusik ab, jemand ergriff das Wort, ein hoher Offizier, die Zeremonie nahm ihren Lauf. Der Soldatenvater horchte auf, noch einmal nahm er die blassen jungen Männer in ihren schwarzen Kaftanen in den Blick, dann wandte er sich kopfschüttelnd ab und eilte die Treppe hinunter zu seinem Sohn und dessen Kameraden.

Dort unten der Eid und die Sturmgewehre, hier oben Thora und Schläfenlocken. Dort die Nation unter Waffen, hier das Volk Gottes im Wort, im Gesetz. Die dort unten nannten sich nationalreligiös, für sie fiel beides in eins – das göttliche Versprechen auf dieses Land und der Staat jetzt, dem sie dienten und Treue schworen. Die hier oben aber nannten sich *Haredim*; die vor Gott zittern, nicht vor einem Offizier oder vor dem Feind – ihnen galt es als Sakrileg, dem Messias vorzugreifen und diesem Staat zu dienen statt dem Herrn. Judenstaat und Schtetl. Wehrhafte Nation und jüdischer Seinsgrund. Herzl und Moses. An diesem Abend hatte ich nicht den Eindruck, beides seien zwei Seiten eines irgendwie gearteten Einen.

Es war die Stunde des Lichts. Jerusalems Farben, tagsüber ein Rätsel, ein kalkiges Nichts, jetzt zeigten sie sich. Ein zartes Rosa leuchtete von den Mauern, einen Anflug von Grün meinte ich zu erkennen und anderes noch, das alles changierte, blieb vage, es waren nicht die Namen der Farbe. Und auf einmal sah ich es, der Name der Farbe war Wüste. Wüstenfarben, so war Jerusalem um diese Stunde.

Ich ging weiter und kam zu einer großen Synagoge. In ihren erleuchteten Fenstern bewegten sich Männer im Gebet, in den engen Gassen dunkelte es schon, droben am hellen Himmel stand der Abendstern. Von irgendwoher kam Musik, jemand spielte auf dem Klavier. Kinderstimmen, Männerstimmen, hebräische und amerikanische Fetzen, der jähe, nahe Flügelschlag eines späten Vogels, Katzen, Spatzen, das rezitierende Flüstern und Murmeln, wenn Gestalten in langen Mänteln vorübereilten, die Schrift in der Hand, kleine, abgegriffene Büchlein, es war die Stunde der Silhouetten. Menschen verwandelten sich in Schatten.

Ich ging der Musik nach, bog um ein paar Ecken, gelangte in einen Hof. Eine Tür stand offen. Ein kleiner Abstellraum, Kisten und Kästen, hochgestapelt bis gegen die niedrige Decke, eine Rumpelkammer. In ihrer freien Ecke das Klavier in verlebtem Schwarz. Ein Mann spielte es, graubärtig, schwarz gekleidet, die Fäden seines Gebetsschals hingen unter der Jacke heraus. Der Mann leuchtete, wenn er spielte. Chopin, dann Gershwin, er hatte eine Vorliebe für Filmmusik der dreißiger, vierziger Jahre. Auf dem Klavier ein Marmeladenglas, vollgestopft mit Trinkgeld.

Er komme alle paar Tage hierher, um zu spielen, sagte er in einer Pause, er brauche das, er sei von weit her, aus Kanada, und reise um die Welt, jetzt verbringe er einige Zeit hier. Ein kleines Publikum hatte sich um ihn versammelt, wir saßen auf den drei ungleichen Hockern, die eben noch in die Kammer paßten, oder standen in der Tür. In einer anderen Pause sprach er von seinem Sohn. Es sei nicht gut gelaufen mit ihnen beiden, der Sohn habe den Kontakt zum Vater abgebrochen und lebe in Kalifornien, er habe ihn lange nicht mehr gesehen. Er trauerte um seinen Sohn und wegen der eigenen Fehler. Die Trauer floß ihm in die Hände, er spielte ein neues Stück, er spielte überaus virtuos, und wieder kam mir das Wort in den Sinn: Akedah. Das Wort, das der Sepharde mir im Taxi zum Abschied auf einen Zettel geschrieben und aufgetragen hatte. Akedah hieß Bindung. Abraham hatte seinen Sohn Isaak mit Stricken gebunden, um ihn zu opfern. So erfüllte er den Willen Gottes und band sich selbst ganz an Gott. Der Pianist dort reiste um die Welt und spielte und trauerte um seinen Sohn. Ada hatte das Glück gehabt, ihren Sohn nicht zu verlieren in jener verlustreichen letzten Schlacht im Libanon. Gott hatte das Sohnesopfer von Abraham gefordert, aber es nicht gewollt, es blieb eines der dunkelsten Rätsel der alten Bibel. Erst das göttliche Sohnesopfer, das die neue Bibel begründete, löste das alte Isaakrätsel auf. Ihr sollt mir eure Söhne nicht länger opfern. So sehr liebe ich euch, daß ich das selber tat. Adieu, Akedah.

DER STACHEL

Ada hatte mir eine Freundin vorgestellt, Dina. Sie selbst werde für einige Zeit verreisen, aber die Freundin kenne das jüdische Viertel ebenso gut und könne mir manches zeigen. Eher aus Höflichkeit ging ich darauf ein, ich hatte den Eindruck, Ada wollte einfach etwas für mich tun, auch wenn sie fort war.

Wir trafen uns an einem warmen Tag bei der Hurva-Synagoge und liefen einige Stunden durchs Viertel, das ich inzwischen recht gut kannte, was dazu führte, daß Dinas kleine Vorträge immer kürzer ausfielen und wir öfter schweigend nebeneinanderher gingen. Sie war etwa so alt wie Ada, aber zarter, in sich gekehrter, dunkler als ihre Freundin. Ich fragte mich, ob ihre Gedanken, während sie mich auf eine römische Spur aufmerksam machte oder auf einen Schauplatz der Kämpfe von 1948, nicht ganz woanders waren. Es war heiß geworden, irgendwann schlug ich vor, einen schattigen Platz zu suchen, um Kaffee zu trinken, und nun, da die pflichtschuldige Tour endete, zu unser beider Erleichterung, wich die Verhaltenheit, und Dina begann von dem zu erzählen, was sie wirklich bewegte, von ihrem Leben.

Sie sei eine Linke gewesen, sagte sie, eine Aktivistin. In diesem Land und in dieser Stadt hieß das, sie hatte ihr bisheriges Leben der Versöhnung von Juden und Arabern gewidmet. Sie tat es nicht mehr. Sie war dessen müde. Eine Frau saß mir gegenüber, die ihren politischen Glauben verloren hatte. «Als wir hierher in die Altstadt kamen», begann sie, «wurden wir freundlich behandelt von den Palästinensern. Manche sagten uns: Wir leben lieber unter eurer Herrschaft als unter der jordanischen, ihr bringt uns wenigstens nicht um wie die Jordanier.» Das spielte auf die blutige Niederschlagung des nicht minder blutigen Putschversuchs palästinensischer Organisationen in Jordanien 1970/71 an. Der Kampf um die Macht im Königreich endete mit dem «Schwarzen September», der Vertreibung der Palästinenser aus Jordanien.

Im Laufe der Zeit aber, fuhr Dina fort, sei das Verhältnis zu den Arabern in Jerusalem immer schlechter geworden. «Um das Jahr 2000 herum fühlte ich, sie hassen uns. Schon in den Tagen, bevor Scharon auf den Tempelberg ging, war die Atmosphäre haßerfüllt. Dann ging er hoch, und der Aufstand brach aus, die Intifada.»

Unser Gespräch tastete sich durch Schichten. Nachdem die äußere Schicht durchdrungen war, Politik, Kriege, das Leben in Jerusalem, kam Dina auf ihre Familie zu sprechen, und es fiel das Wort, das ich lange nicht mehr gehört hatte, ausgerechnet hier – Auschwitz. «Ein Teil von Vaters Familie ist dort umgekommen. Es ist schwer für mich, nach Deutschland zu fahren. Mein Vater kam aus Polen hierher, aus der Stadt Płońsk, genau wie Ben-Gurion. Er war vor dem Krieg illegal nach Palästina gegangen, und dafür, daß es ihm dann nicht möglich war, seine Familie nachzuholen, fühlte sich mein Vater sein Leben lang schuldig.» Auschwitz oder Palästina, das waren die Alternativen einer jüdischen Familie im deutsch besetzten Płońsk. Tod oder Leben. Ihr Vater war den Weg ins Leben gegangen, seine erste Familie den Weg in den Tod.

Eine Pause entstand. Ich saß an diesem Kaffeehaustisch unter Platanen, weit weg von daheim, und obwohl ich wußte, wie untrennbar die Existenz dieses jüdischen Landes mit dem verschweißt war, was nur wenige Jahre zuvor in deutschen Lagern geschah – obwohl ich es doch wußte, war das alles sonderbar fern gewesen, seitdem ich hier war. Ferner als daheim. Die Dinge, um die es hier ging, das Ausbluten beider christlicher Viertel, die Melancholie der alten Eliten, der Kampf um den Tempelberg, all die anderen stillen Kriege von Jerusalem – diese Dinge standen weitaus plastischer im hellen Licht Jerusalems als Erinnerungen an das Europa der vierziger Jahre.

Natürlich, seitdem waren bald siebzig Jahre vergangen, so gut wie ein volles Menschenleben, und die Wirklichkeit hier war längst eine aus eigenem Recht, nicht mehr bloß Antithese zu Auschwitz, darum fiel das Wort so spät.

Auch Dina war in Gedanken, weit weg von Jerusalems Platanen und seiner trockenen Wärme, auch sie ein Menschenalter zurück. Als sie wiederkam, sagte sie den Satz, der seit langem in ihr umging: «Es gäbe mich vielleicht nicht, hätte mein Vater nicht hier ein zweites Mal geheiratet.»

Ich ahnte, was in ihr kreiste, nein, ich ahnte es nicht, ich sah es vor mir – ein Strudel, der den, der lange hineinschaut, hinabzieht. Ich redete auf sie ein. Daß es nicht recht sei, sich eine Last aufzubürden, unter der man nur zusammenbrechen könne, eine so falsche Last zumal, daß sie sich herausreißen müsse aus dem Wirbel schwarzer Gedanken, etwas in dieser Art redete ich.

«Mein Vater hat nie über Auschwitz gesprochen», hörte ich sie sagen. «Auch nicht über seine erste Familie, nicht ein einziges Mal. Aber er hat Tagebuch geschrieben. Das las ich heimlich, und meine Mutter erzählte mir ein bißchen was. Vater ging immer zu Treffen von Überlebenden aus Płońsk. Plötzlich ging er nicht mehr hin. Mein Cousin sagte mir, Leute aus der Familie seiner ersten Frau hätten ihn dort einen Mörder genannt. Ich träumte immer davon, wenigstens eines seiner drei Kinder aus der ersten Ehe hätte überlebt. Natürlich hatte keines überlebt.» Und dann sagte sie, übergangslos: «Ich kann einfach nicht verstehen, wie Leute, die so sehr diskriminiert wurden, andere diskriminieren können.»

Nun sprudelte ihr eigenes Leben – das, dessen sie müde

war. «Ich hatte einen arabischen Freund, einen Professor, inzwischen ist er in Deutschland und dort verheiratet. Er hat aufgegeben hier in Jerusalem. Andere Freunde mit arabischen Ehepartnern haben auch aufgegeben, sie sind nun in Kanada. Und als ich eine Wohnung an ein nettes arabisches Paar vermietete, kamen die Anrufe: Schmeiß sie raus, das entwertet die Wohnlage. Man warf ihnen die Fenster ein, ihre Wäsche lag im Dreck, sie sind dann ausgezogen.»

Der Bittermandelgeschmack dieser Erzählungen kam daher, daß ihnen der Trost der Einseitigkeit fehlte – jenes innere Idyll, das die Gewißheit gewährt, auf der richtigen, der guten Seite der Geschichte zu stehen. Man wandte sich nach links, und es war bitter, man wandte sich nach rechts, und es wurde nicht besser, so war es hier. So waren auch Dinas Erzählungen.

«Ich hatte eine arabische Freundin, ich gab ihr meine Adresse, damit sie in Jerusalem bleiben konnte. Als die Intifada losging, behandelte sie mich, als sei ich die Regierung.» Dann wieder Auschwitz. «Ich bin mit arabischen Freunden nach Auschwitz gefahren, auf der Oberfläche war es gut. Alle waren höflich, kein Moment war schlecht. Und doch das Gefühl, es paßt nicht. Unsere Gefühle, ihre Gefühle, das blieb zweierlei. Eine nette Idee – Juden und Palästinenser fahren zusammen nach Auschwitz, ihr versteht unser Leid, wir verstehen euer Leid. Es funktioniert nicht.»

Das alles quoll aus ihr wie aus einer Wunde. Dina selbst versorgte und verband sie, sie zog sich den Stachel und schloß damit ab. «Ich habe es aufgegeben. Aufgegeben, eine Aktivistin zu sein, ich gehe nicht mehr auf die Straße, es ist hoffnungslos. Wir sind fünf Prozent, kaum mehr. Sie hassen uns, als seien wir gegen Israel. Das ist Unsinn, wir wollen Israel retten. Ich liebe Israel.»

DAS AUGE

An einem hundskalten Abend traf ich Charly Effendi, einiges hatte sich angesammelt, worüber ich mit ihm reden wollte. Ich hustete und fror, er aber erschien sichtlich gutgelaunt am üblichen Treffpunkt, dem Jaffator. «Ich kenne jetzt den Jungen», rief er mir entgegen, «ich kenne den ganzen Fall!» Das war es also. Ich hatte ihm vor Tagen etwas erzählt, eine Jerusalemer Geschichte, die er noch nicht kannte, und mein Eindruck war, es war ihm gegen die Ehre gegangen. Dieser Fremde weiß etwas, von dem ich nichts weiß – sonderbar. Nun also wußte er darüber mehr als ich, alles wieder im Lot, daher die gute Laune.

Es war nicht meine Geschichte, ich hatte sie von Ada. «Hör zu, ich erzähle dir etwas, das ich sonst nicht erzähle», so hatte sie begonnen. «Ich bin seit langem mit einer arabischen Familie befreundet. Wenn ich einmal länger fort bin, gebe ich denen meinen Wohnungsschlüssel, und sie passen auf alles auf. So ist unser Verhältnis, so vertraut.»

Eines Tages sei der jugendliche Sohn dieser Familie durch die Altstadt gegangen und in eine Polizeikontrolle geraten. In Sekunden sei die Situation explodiert. «Sie fordern seinen Ausweis. Er gibt ihn her. Sie werfen den Ausweis zu Boden, sie sagen: ‹Heb ihn auf!› Der Junge: ‹Heben Sie ihn auf, Sie haben ihn hingeworfen!› Er sagt es mit seinem ganzen jugendlichen Stolz, seinen jugendlichen Hormonen. Es kommt zum Gerangel, zum Kampf. Die Polizisten holen Unterstützung, mit acht Mann bringen sie ihn zu Boden. Er wehrt sich heftig und trifft einen am Auge. Das Auge ist weg. Der Junge ist weg. Vier Jahre Haft.»

Er habe noch Glück gehabt, fuhr Ada fort. Nicht wegen *security reasons*, wegen Gefährdung der Sicherheit, sei er verurteilt worden, sondern nur wegen einer kriminellen Handlung, wegen Körperverletzung. «Normalerweise wird man bei guter Führung nach zwei Dritteln der Haft entlassen. Und sein Vater ist schwer krank, der Junge wird dringend daheim gebraucht. Mein Sohn ist Anwalt. Wir tun, was wir können, um der Familie zu helfen, wir schreiben Petitionen und Briefe, viele sind es jetzt schon.» Beim Abschied hatte sie noch gesagt: «Wenn das Viertel wüßte, daß ich mich für einen jungen Araber einsetze, der einem unserer Polizisten ein Auge ausgeschlagen hat, sie würden mich» – sie suchte ein Wort, das die Schärfe der Lage enthielt –, «sie würden mich steinigen.»

Charly hatte sich gewundert, von einem so tragischen Fall in seiner Umgebung zu hören, von dem er nichts wußte, er wußte doch sonst alles, was in der Altstadt vorging. «Du kannst den Fall nicht kennen», hatte ich ihn zu trösten versucht, «niemand kennt ihn, kein Nachbar, kein Freund. Weil die Familie es streng geheimhält, was mit ihrem Sohn passiert ist. Weil sonst alles nur noch schlimmer würde. Und so heißt es eben, wenn Leute nach dem Jungen fragen: Es geht ihm gut, er hat gestern erst angerufen, er macht eine Ausbildung in Amman oder so ähnlich.»

Charly Effendi nickte. «Ich habe mit der Familie gesprochen.»

«Was hast du – willst du die armen Leute in Panik versetzen? Du solltest das doch für dich behalten. Die müssen doch jetzt glauben, ihr Familiengeheimnis liege offen auf der Straße.»

«Unsinn, sie kennen mich. Ich will wissen, was in meiner Stadt vorgeht, das ist alles. Ich habe sie gefragt, stimmt es, daß euer Sohn im Gefängnis sitzt?»

«Und?»

«Na ja, sie sagten, woher weißt du das – es weiß doch keiner im Viertel.»

«Und?»

«Ich habe sie rasch beruhigt. Von mir erfährt kein Mensch etwas, das wissen sie.» Er schwieg eine Weile, dann sagte er: «Ich verstehe sie ja. Der Vater ist Handwerker, und er hat jüdische Kunden. Die Familie hält es geheim aus Angst, ihre Kundschaft zu verlieren und damit ihre Existenz, das ist klar. Übrigens hat der Junge Glück gehabt.»

«Das sagte Ada auch.»

«Nur vier Jahre – er hätte zehn kriegen können. Ein Untertan schlägt einem Herren ein Auge aus, dafür gibt's ohne weiteres zehn Jahre.»

«Charly, ein Auge ist ein Auge. Daß man dafür ins Gefängnis geht, ist normal.»

Er lenkte sofort ein. «Ein Auge ist ein Auge, das ist wahr.»

Er dachte nach. Es hatte einen Kampf gegeben. Ein Mann hatte in diesem Kampf ein Auge verloren, er hatte, mit anderen Worten, einen Blutzoll entrichtet, und es ging nicht so sehr um Moral oder Sühne und wie diese europäischen

Dinge hießen – eine Rechnung war offen. Sie zu begleichen, war Sache der Familie, deren Sohn das Auge genommen hatte.

«Ich habe die Familie gefragt, wer eigentlich für den Mann, für das verlorene Auge zahlt», sagte Charly Effendi.

«Und?»

«Was sie sagten, hat mich beruhigt – und der ganzen Wahrheit dieser Geschichte nähergebracht. Der Mann, dem der Junge das Auge nahm, ist nämlich gar nicht Polizist, er ist Soldat. Also ist er jetzt Invalide. Also zahlt die Armee.»

Eine Armeekontrolle war es also gewesen, in die der Junge geraten war, keine Polizeikontrolle. «Mir fällt es schwer, beides auseinanderzuhalten», gab ich zu, «obwohl ich sie auf Schritt und Tritt sehe, an der Via Dolorosa und überall sonst. Ich müßte Uniformexperte sein, um eine Polizeipatrouille von einer ähnlich bewaffneten Armeepatrouille zuverlässig unterscheiden zu können.» Charly Effendi bedachte mich mit einem seiner belustigt-spöttischen Blicke. Soso, und du willst hier also irgendwas verstehen?

Er war noch bei der Blutzollfrage. Auge um Auge – und wer zahlt? «Eigentlich müßte die Familie zahlen», sagte er. So sei das hier, so sei es immer gewesen.

Er liebte Bücher, und er liebte Paris. Am meisten aber liebte er Jerusalem. Den Historiker des alten Jerusalem, so hatte ich andere ihn nennen hören. Aber er war kein Bohemien, kein weltfremder Schöngeist, so etwas paßte nicht hierher, und so einer wollte er auch nicht sein. Wenn es hart auf hart kam, wenn es um Blut und Geld ging, dann dachte Charly Effendi als Mann des Orients.

Irgendwann, als wir uns besser kannten, entschuldigte er sich: «Ich habe dich nie zu mir nach Hause eingeladen in all der Zeit. Es ist wegen der Katze.»

«Wegen der Katze!»

«Ja, mir ist diese Katze zugelaufen, sie hält meine Wohnung rund um die Uhr besetzt, ein riesiges Tier, es fällt Menschen an.»

«Bist du sicher, daß es eine gewöhnliche Katze ist und kein Löwe?»

Darüber konnte er nicht lachen, es war ihm ernst. «Ich füttere sie mit Fleisch, ich stelle auch Fleisch vor die Tür, aber ich kriege sie nicht raus. Sie ist zu schlau dafür.»

«Was will sie denn?»

«Meine Wohnung. Sie versteckt sich in der Wohnung, groß genug ist sie ja.»

«Aber so kenne ich dich gar nicht – so ...»

«Ich weiß, was du sagen willst: so furchtsam. Ich bin nicht furchtsam, das weißt du, aber ich kenne mich mit Katzen aus, ich hatte viele, und ich wage es nicht, diese zu vertreiben. Sie würde mich angreifen, das weiß ich, und einen Fremden wie dich erst recht. Es ist in ihrem Hirn, was als nächstes passiert – ob sie sich entscheidet, ein wildes Tier zu sein.»

Charlys Katze blieb rätselhaft. Ich spürte, er meinte vollkommen ernst, was er sagte, und ließ es dabei. Wir wechselten das Thema und wechselten es doch nicht, denn er erklärte mir weiter, warum er mich nicht zu sich einladen könne, auch ohne die dämonische Katze. «Es ist wegen der Bücher.»

«Wegen der Bücher!»

«Ja, wegen der Bücher.»

Es sei einfach kein Platz da, um Gäste zu empfangen. Seine Privatbibliothek fülle jedes seiner sieben Zimmer. Einige zehntausend Bände, dreißig- oder vierzigtausend, er wisse es nicht so genau. Es gebe wohl nichts zur Geschichte Jerusalems und des Orients überhaupt, was er nicht besitze. «Und kein Roman darunter», freute er sich, «nicht ein einziger.» Er verachtete Romane, soviel stand fest.

Was sollten sie einem Mann auch erzählen, dessen Leben und Familiengeschichte voller Dramen, Tragödien und Komödien waren – einem jerusalemitischen Armenier hundert Jahre nach dem Mord an seinem Volk, nach Flucht und all den Kämpfen, Verlusten, Schicksalssternschnuppen seither. Das war das Orientalische an ihm, der wache Sinn für die Härte des Materials, aus dem Jerusalem gemacht war.

DAS FLÜSTERN DER HÄUSER

Seit einigen Wochen lebte ich nun im Konvent Agios Michail, und wie von selbst stellte sich ein Gleichmaß der Tage, ein Gerüst der Gewohnheiten ein. Jeden Morgen, nachdem ich den düsteren Tortunnel durchquert hatte, grüßte ich den Bäkker gegenüber und den ersten Nachbarn rechter Hand, den Pförtner der Terra Santa. Er hatte mich oft genug kommen und gehen sehen, um mich lässig durchzuwinken, aber für einen Besuch bei Bruder Paulus war es jetzt noch zu früh.

Ich ging weiter, die Männer grüßend, die auf Basthockern vor ihren schattigen Läden auf der Sonnenseite der Gasse saßen, in der Hand einen Kaffee gegen die Morgenkühle, bog um die Ecke und erreichte das bescheidene Zentrum dieser Gegend des christlichen Viertels. Ein paar Läden, die Antiquitäten, Devotionalien und Alltägliches führten, zwei oder drei Restaurants, die jüdischen Wein von den Golanhöhen und christliches Bier aus dem Westjordanland ausschenkten, der griechische Zahnarzt, der armenische Keramiker, der islamische Friseur. Hamdi stand schon vor der Tür seines Salons, um mir auch an diesem Morgen sein «Merhaba!» zu entbieten. Ich gab es zurück und er die Hoffnung nicht auf, eines Tages werde dieser Fremde nicht vorübergehen, sondern auf seine einladende Geste hin eintreten, um sich rasieren und das Haar schneiden zu lassen.

Beim Krämer mit dem derart kargen und auch etwas wirren Angebot, daß es ein Rätsel blieb, was für ein Laden es eigentlich war, kaufte ich eine neue Prepaidkarte, ausgerechnet er hatte genau die, die ich brauchte. Sein Nachbar, auf Ikonen spezialisiert, bat mich herein, zeigte einige Stücke und erklärte mir freimütig, was davon echte Handarbeit sei, was eine Kopie aus China und woran man den Unterschied erkenne, das alles in fließendem Italienisch, das er ab und zu ins Englische übersetzte, wenn er den Eindruck gewann, ich käme nicht mit. «Mein Großvater war Italiener», erklärte er, als er mein Erstaunen sah, aber es legte sich nicht. Eine abendländische Muttersprache, in den Orient verpflanzt und lebendig noch in dritter Generation – war das denn nicht erstaunlich?

Natürlich kamen mir auch die neuesten Dramen und Komödien des Christenviertels zu Ohren. Da war zum Beispiel dieses etwas lieblos gemachte kleine Lokal, dessen

Chef immer so mürrisch wirkte und auch etwas abwesend. Seine Geschichte erfuhr ich schon bald. Vier Jahre hatte der Mann gesessen und sein Lokal erst vor kurzem wieder eröffnet, nach seiner Entlassung aus dem Gefängnis. Und bei der Schlägerei neulich gleich um die Ecke, in der Quergasse, die meinen Konvent begrenzte, sei es um seine Tochter gegangen.

Das behauptete die zweite Version des blutigen Kampfes, die ich hörte. In der ersten Version war es noch irgendeine Prügelei unter Jugendlichen gewesen, laut der zweiten wog die Sache schon schwerer. Die Tochter des Mürrischen war beleidigt worden, junge Männer hatten ihr etwas nachgerufen, etwas, das eine starke Reaktion ihrer männlichen Verwandten erforderte. Dann war in der Al-Rusul-Gasse Blut geflossen, das ganze Viertel sprach darüber.

Am Abend dann, im armenischen Restaurant, einem der wenigen Orte der Altstadt, an denen man nach Einbruch der Dunkelheit noch etwas zu essen und zu trinken bekam, hörte ich die dritte Version, die glaubwürdigste von allen. Der armenische Wirt, den ich darauf ansprach, ein athletischer Mann und gewiß ein ernstzunehmender Gegner, erzählte sie mir in seiner wortkargen Art.

«Ja, es gab einen Kampf.»

Ich machte die Geste eines Faustschlags.

«Nein», sagte er, «hier kämpfen wir nicht mit den Fäusten, hier kämpfen wir mit dem Messer und» – er deutete mit den Händen die Länge an – «mit solchen Schlagstöcken.»

«Und worum ging es?»

«Zwei Familien. Erst fingen zwei Jungs an zu kämpfen, dann griffen ihre älteren Brüder ein, dann die Familien, die

Männer. Jetzt sitzen alle im Gefängnis. Zwei sind durch Messerstiche verletzt.» Ein fachmännischer Bericht, knapp und präzise – eine Familienfehde im christlichen Viertel also.

Ich saß draußen, ein warmer Abend. Hamdi, der Friseur, hatte oft herübergeschaut, nun mochte er nicht länger auf mich warten. Er schloß seinen Salon zu und ging heim. Arabische Polizisten patrouillierten vorbei, ganz in Schwarz, ihre Schlagstöcke trugen sie auf dem Rücken wie Samuraischwerter. Ein Junge führte seinen blauäugigen jungen Hund vorüber, der tollte in der Gasse herum und freute sich seines Lebens. An den Nebentischen saßen Texaner und Deutsche. Die Texaner waren schon einige Tage hier, sie hatten sich sattgesehen und redeten über ihr Dallas. Die Deutschen schwiegen, das Staunen war ihnen noch nicht vergangen, es war wohl ihr erster Tag.

Ich bestellte mehr vom guten Rotwein vom Golan, sah die Turmuhr der römischen Terra Santa leuchten über der Gasse, über dem Franziskanerkloster rechter und dem Kreuzritterpalast linker Hand, über Jerusalem in seiner osmanischen Mauer. Wie daheim schlug die Uhr und viertelte die nächtlichen Stunden in handliche Stücke. Gegenüber brannte noch Licht, bei Dr. Nikos, dem Zahnarzt, das ließ mich hoffen, er werde noch herunterkommen und sich auf ein Glas zu mir setzen.

Er war der lustigste Jerusalemer, den ich kannte, immer unterwegs, immer von Freunden umringt, immer war irgendwo was los, spielte irgendwo eine Musik. Und wenn die Menge der Geschichten, die über jemanden erzählt werden, das Maß der Berühmtheit ist, dann war er eine Berühmtheit im Viertel. Nannte ich seinen Namen, bekam ich gleich eine neue Episode zu hören. Paulus, der Franziskaner, erzählte mir einmal, wie er mit Zahnschmerzen zu Dr. Nikos gegangen war und der ihn gleich habe betäuben und den Zahn herausreißen wollen. Es sei aber keine Liege frei, wandte Paulus ein. Kein Problem, bedeutete ihm Dr. Nikos, er möge sich einfach auf den Fußboden legen. Da lag er lange, denn die verabreichte Betäubung wirkte bei ihm nicht. Dr. Nikos erhöhte die Dosis in mehreren Schritten, bis der von seinen Schmerzen und vom harten Steinboden gepeinigte Paulus floh. Andere Patienten erzählten, der Doktor habe sie mit aufgesperrtem Mund auf dem Zahnarztstuhl zurückgelassen, er müsse nur mal kurz etwas erledigen, habe er ihnen zugerufen und sei dann eine halbe Stunde fortgeblieben. Aber alle schworen, er sei ein ausgezeichneter Zahnarzt.

Nur zögerlich, nach und nach, erfuhr ich von ihm die Geschichte, die er unter all den lustigen Geschichten verbarg. Er liebte den Fußball und hatte eine Jugendmannschaft gegründet, deren wichtigste Regel war, daß in ihr Christen, Juden und Moslems zusammenspielten. Sie trug den etwas ungewöhnlichen Namen FC St. Dimitri, und das kam so: Nikos' Frau erwartete ein Kind, die Schwangerschaft war schon fortgeschritten, als während der zweiten Intifada neben ihr eine Tränengasgranate hochging. Sie verlor das Kind. «Ob der Vorfall daran schuld war, ist nicht sicher», sagte er mir, «die Ärzte vermuteten es, ich weiß es nicht.» Bald darauf, an einem Tag, an dem es wieder Unruhen in den Straßen gab, wollte er hinaus. Seine Frau war ängstlich und warnte ihn zu gehen. Er ging dennoch und traf auf Jugendliche, die Autos demolierten. Er sprach sie an. «Warum tut ihr das?»

«Weil wir sonst nichts haben, das Spaß macht.»

«Was würde euch denn Spaß machen?»
«Fußball spielen.»
«Und warum spielt ihr nicht?»
«Wir haben keinen Ball.»

Er gab ihnen das Geld für den Ball und das Versprechen: «Ich werde euch trainieren.» So entstand die Mannschaft. Das Kind, das seine Frau verlor, sei ein Junge gewesen, erzählte er mir. «Ich wollte ihn Dimitri nennen, nach seinem Großvater, und nach dem Heiligen. Ich habe dann die Mannschaft so genannt, St. Dimitri.»

Das hatte mir Nikos vor ein paar Tagen erzählt. Ich dachte daran, als ich jetzt zu seinen erleuchteten Fenstern hinaufsah. Ich mochte ihre blechernen Fensterläden. Sie und der ebenfalls blecherne Baldachin über Nikos' Balkon waren blau gestrichen, es war das Blau der wackligen Tische und Stühle und der Kirchenkuppeln auf den ägäischen Inseln.

Nun wurde es wirklich still. Letzte Paare ab und zu, späte Pilgergrüppchen, die ihren Unterkünften zustrebten. Jetzt schloß auch der Keramiker seinen Werkstattladen. Gut sah er aus, gute Lage, gute Ware, gutes Geld, durfte man meinen. Auch der Keramiker hatte sein kleines Geheimnis, ich kannte es mittlerweile. Die Werkstatt gehörte der einzigen armenischen Familie Jerusalems, die ihren Namen früher einmal arabisiert hatte, was ihr die Familien, die das nicht getan hatten, immer noch nachtrugen.

Ich dachte an Elia, ein Armenier auch er. Die Vorfahren des Keramikers hatten ihren Namen geändert. Elia hatte nicht einmal mehr einen Namen gehabt, als er sich nach Jerusalem hatte retten können, nur das nackte Leben. Jerusalem war sein Glück gewesen. Hier war er zum Fotografen des

Vorkriegsjerusalem geworden. Seine sparsamen Schwarzweißbilder hatten einige Bekanntheit erlangt, seitdem ich ihn vor Jahren besucht hatte im kleinen Büro über seinem Fotogeschäft in der Via Dolorosa. Die Adresse hätte nicht besser gewählt sein können. Die Geschichte seines Lebens, die der betagte Mann mir damals vorgesetzt hatte, enthielt alle armenische Bitternis, aber auch das Licht, das in die Finsternis fällt, allem Grauen zum Trotz.

Diese Stunde mit ihm lag lange zurück, und er war bald darauf gestorben, im letzten Jahr seines grausamen Jahrhunderts, 1999. Und doch stand mir manches so deutlich vor Augen, als habe er es mir eben erst erzählt. Die Flucht aus Urfa, die vielen Toten, die Mörder auf ihrer Spur. Dann der Moment, als seine Mutter die übermenschliche Kraft aufbrachte, ihren fünfjährigen Jungen einem wildfremden Mann zu geben, wissend, er würde ihn zu seinem Sklaven machen, aber auch wissend, sie würde den Verfolgern nicht entkommen und umgebracht werden, so sicher wie ihre ganze Familie. Also gab sie ihren Elia diesem Kurden, und alles kam so, wie sie es geahnt hatte. Elia wurde ein Sklave, sie wurde umgebracht.

Dann der Blasebalg. Elia mußte ihn treten bei dem Kurden, einem Schmied, Tag für Tag. Dann der Hunger. Die Versuchung, zum Kannibalen zu werden, mancher widerstand ihr nicht. Dann Jerusalem, die Rettung. Ein Waisenhaus und ein Lehrer dort, der fotografierte und Elia, der sich interessiert und anstellig zeigte, zu seinem Helfer nahm. Er erkannte das Talent des Waisenjungen und brachte ihm bei, was er selbst wußte. Elias Leidenschaft für die Fotografie entbrannte.

Seine Heimat, die Stadt Urfa im östlichen Anatolien, sah

er nie wieder, seine Eltern waren ermordet, seine ganze hundertsechzigköpfige Familie war ausgelöscht. Zeit seines Lebens hatte Elia geglaubt, den Massenmord als einziger dieser hundertsechzig überlebt zu haben, spät erst fand er die zweite Überlebende aus seiner Familie, seine Schwester, als alte Frau in Aleppo.

Schließlich war da noch die Sache mit dem Namen. Fünf Jahre alt war Elia, als das Massaker über seine Familie hereinbrach und über sein Volk, als er alles verlor, sogar den Namen seiner Familie. Er wußte ihn nicht mehr, als er Sklave war. Als er heranwuchs, fliehen konnte und es nötig wurde, einen Nachnamen zu führen, besann er sich auf eine Erinnerung – den Duft von Kaffee. Es hatte daheim nach Kaffee gerochen. Seine Eltern, sein Vater vielleicht, hatten Kaffee geliebt. Und so nahm er diese kostbare Erinnerung und machte sich aus ihr einen Namen, aus dem armenischen Wort für Kaffee. Kahvedjian. So hieß der Mann, der mir damals sein Leben erzählt hatte. Elia Kahvedjian.

Sein Sohn führte das väterliche Geschäft weiter, und natürlich besuchte ich ihn. Er war es gewesen, der Elias Bilder aus dem Staub geholt hatte. Auch sie hatten gerettet werden müssen, wie Elia selbst. «Mein Vater hatte vor dem Krieg die Idee, Postkarten mit seinen Fotos drucken zu lassen und sie an Touristen zu verkaufen. Da besaß er schon mehrere Läden, das Hauptgeschäft lag in Westjerusalem. Im arabisch-israelischen Krieg verlief 1949 die Front vor unserer Tür, und wie so viele, mußten wir fliehen und alles zurücklassen. Seitdem sind wir hier in der Altstadt.»

Elia hatte seine Bilder bei der Flucht in Kisten gepackt, und weil in den Wirren jener Jahre an Postkarten und Touristen nicht zu denken war, gerieten sie in Vergessenheit. «Ich habe die staubigen Kisten dann viel später entdeckt. Ich begriff, was ich da in den Händen hielt, und überzeugte meinen Vater, sein Werk endlich zu veröffentlichen, Jahrzehnte später.»

Zum Vorschein kam eine ganze Welt – das arabische, christliche, beduinische, jüdische, britisch beherrschte Jerusalem vor dem Krieg. Drei blinde moslemische Sheiks, lagernd vor der al-Aqsa-Moschee. Zauselbärtige Samariter mit Thorarolle. Schuhputzer am Jaffator. Olivenpflücker, Mönche, Wahrsager, Karawanen. Pilger auf Knien in der Via Dolorosa. Tanzende Zigeunerinnen draußen in der Wüste. Schafmarkt im Bad des Patriarchen, der morastigen Brache unterm Fenster meines ersten Zimmers. Und seine Hummus essenden Männer von 1935 sahen so viel anders nicht aus als die Hummusesser von heute am Musrara-Markt. Auf einem Foto der Grabeskirche entdeckte ich die Leiter an ihrer Fassade, die niemand wegnehmen durfte und die heute noch da stand. Elia hatte das Bild 1926 aufgenommen.

Fortan widmete der Sohn sich dem Werk des Vaters. Er ließ Reproduktionen fertigen, die er in seinem Laden an Liebhaber aus aller Welt verkaufte, und brachte einen Bildband heraus. Der Titel, den er ihm gab, war so schlicht wie selbstbewußt – «Jerusalem through my Father's Eyes». Was wir Heutigen sahen vom alten Jerusalem, sahen wir durch Elias Augen. Die Stadt hatte ihn gerettet und dann er die Erinnerung an sie.

Gab es ein Haus ohne solche Geschichten, ein einziges? Meine Tage hätte ich allein damit zubringen können, die Schicksale anzuhören, die hinter den Mauern des Christenviertels wohnten, und manchmal tat ich es. Oft reichte es, abends beim Armenier zu sitzen.

Während mir der Sohn von Elia eine Widmung in den Band schrieb, betrachtete ich das Foto an der Wand seines Ladens. Es zeigte drei Generationen. Elia, mit dem alles begann. Seinen Sohn, der das väterliche Werk dem Vergessen entrissen hatte. Und den Sohnessohn, Elias Enkel. Drei Männer, nebeneinanderstehend, geradeaus in die Kamera schauend – der Sieg über Grauen und Finsternis.

Ich fragte den Sohn von Elia, ob denn sein eigener Sohn das Geschäft und die Tradition fortführe. Er schüttelte den Kopf, und ich hörte die schon so oft gehörte Geschichte.

«Mein Sohn ist nach Amerika gegangen.»

«Aber ihr habt doch ein gutgehendes Geschäft, und sogar er hatte hier keine Aussichten?»

«Nein, das war es nicht, es ging ihm gut, er hatte Arbeit und ein eigenes Haus.»

«Was war es dann?»

«Die Liebe. Er hat eine Amerikanerin kennengelernt, sie haben geheiratet, und nun leben sie in Amerika.»

«Sie könnten doch auch hier leben.»

Wieder schüttelte er den Kopf. «Geht nicht, seine Frau bekommt keine *Jerusalem ID*. Sie können nur in Amerika leben.»

Das war es also – die *Jerusalem ID*, auch *blue ID* genannt nach ihrer Farbe. Dieser spezielle Ausweis für nichtisraelische Jerusalemer begründet deren Recht, hier zu leben, hier in ihrer Stadt. Ein Ausweis, halb gut, halb schlecht. Wer die *blue ID* besitzt, steht auf der Treppe der gestuften Staatsbürgerschaft etwa auf halber Höhe. Er steht über dem Bewohner der Westbank, denn er hat das Privileg, in Jerusalem zu leben, und darf sich zudem im ganzen Land bewegen, ja sogar ins Ausland reisen. Zugleich steht der Jerusalemer mit der blauen Karte unter dem Israeli mit regulärer Staatsbürgerschaft.

Das zeigte sich, wenn es ans Reisen ins Ausland ging oder darum, jemanden von außerhalb der Stadt zu heiraten. Fast jeder, den ich kennenlernte, hatte dazu eine Geschichte zu erzählen. Jemand verlor sein Jerusalem-Recht, weil er eine Weile nicht in der Stadt war. Jemand erhielt es erst gar nicht, obwohl er oder sie einen Jerusalemer heiratete, selbst aber von außerhalb der Stadtgrenze kam und keinen Anspruch darauf hatte, zu Mann oder Frau in die blaue Zone ziehen zu dürfen. Eheleute, die schwer zueinanderkamen. Kinder, die Eltern und Heimat verließen, weil sie sich in jemanden aus Bethlehem verliebt hatten oder aus Boston. Geschichten einer Zermürbung.

Aber Elia! Seine Geschichte hätte eine mit Happy-End, sie hätte ein Psalm werden können. Jerusalem, du Hohe, die du mich errettetest aus höchster Not und Gefahr, dich will ich preisen, dir sollen meine Kinder und Kindeskinder Danklieder singen bis ins soundsovielte Glied. Eine Jerusalemer Fotodynastie über drei Generationen, mindestens. Hätte, hätte, hätte – der Psalm brach ab, der Golanwein war ausgetrunken, und Dr. Nikos kam auch nicht mehr vorbei. Ich ging heim.

In der Nacht erwachte ich von einem starken Brausen. Draußen flogen Dinge durch die Gegend, es polterte auf dem Dach, stürmte und heulte. Ich sprang aus dem Bett, riß die Tür auf, trat hinaus und war in Sekunden naß. Der Himmel über Jerusalem schüttete sich aus. So dicht stand die Nacht, daß ich das Haus wenige Schritte gegenüber nicht sah. Der ersehnte

Regen, die Stadt gab sich ihm hin, auch ich hatte es nicht eilig, wieder ins Haus zu gehen, der Regen war warm. Ich bewunderte das alte Jerusalem und die Weisheit seiner Bauweise – hoch über uns tobte der Sturm, und hier unten sammelte die Stadt sein Gutes, den lebenspendenden Regen.

DER KORB DES PATRIARCHEN

Ein Patriarch von Jerusalem, seines Amtes entkleidet und seither Gefangener im eigenen Patriarchat, dem griechisch-orthodoxen – ich konnte kaum glauben, was man mir da erzählte, denn das war keine Geschichte aus fernen Jahrhunderten, sie spiele sich, so versicherte man mir, jetzt ab, in diesen Tagen, in dieser Stadt. Und wie es mit unglaublichen Geschichten ist, sie zeugen neue. Bruder Paulus führte mich aufs Dach der Terra Santa und zeigte hinüber aufs griechische Patriarchatsdach. Dort oben habe bis vor einiger Zeit ein Sommerhäuschen gestanden, und die Brüder hatten darin den luftigen Aufenthalt des gestürzten Patriarchen vermutet. Nun war das Häuschen weg, und wo der Unglückliche jetzt gefangengehalten wurde, wußten sie nicht zu sagen.

Als ich kurz darauf den Mönch in seinem Kloster besuchte, hörte ich die nächste Kuriosität. Hoch am Gebäude jenes Patriarchats hänge ein Korb, den lasse der Gefangene ab und zu von seinem Fenster herab, und seine letzten Anhänger würden ihm etwas zu essen und kleine Geschenke hineinlegen. Ich setzte großes Vertrauen in beide Gewährsleute, aber diese Sache klang zu verrückt. Ich hielt Ausschau nach so einem Korb und fand keinen – bis ich eines Tages zufällig hochsah.

Da hing er in seiner ganzen Unbestreitbarkeit – ein geflochtener Henkelkorb an einem kleinen Galgen vor einem offenen Fenster der höchsten Etage des Patriarchats. Was das sei, fragte ich den Krämer, vor dessen Laden ich stehengeblieben war, etwa der Korb des abgesetzten Patriarchen? Der Mann winkte ab. Nein, nein, da oben lebe ein alter Priester, dem das Treppensteigen beschwerlich sei, und so lege man ihm ab und zu Brot und Käse in den Korb. Damit wandte er sich seinen Granatäpfeln zu, um sie neu zu sortieren. Aha, sagte ich, dankte für die Auskunft und war geneigt, ihm kein Wort zu glauben.

Jerusalem als Immobilie betrachtet, darum gehe es, erklärte mir der Mönch, dem ich mein Erlebnis erzählte. Die Altstadt sei nämlich zum großen Teil Eigentum von Kirchen und religiösen Stiftungen, vorneweg die griechische Orthodoxie. «Sie gilt als größter Grundbesitzer in Jerusalem, gefolgt von uns, den Katholiken, und den Armeniern – ein Erbe des Osmanischen Reiches, das islamischen, aber auch christlichen Grundbesitz steuerlich privilegierte. Und so haben im Lauf der Jahrhunderte viele Gläubige ihre Häuser oder ihr Land ihren Kirchen überschrieben.»

Frömmigkeit, der Wille der Bürger, Steuern zu sparen, und der kirchliche Hang, Immobilien zu akkumulieren, hatten sich in der Heiligen Stadt aufs schönste ergänzt. Eine islamische Stiftung hatte den Tempelberg in der Hand und weiteren Grund im moslemischen Viertel. Dem armenischen Patriarchat gehörte, erstaunlich genug, nicht nur das armenische Viertel in seinen Mauern, sondern heute noch ein kleines Stück der Weststadt. Wer aufmerksam hinschaute, entdeckte an den Häuserblocks gegenüber dem Neuen Tor noch die alten armenischen Firmennamen, die Pacht der vielen Lokale dort ging ans armenische Patriarchat. Und im Christenviertel war das besitzanzeigende griechische oder römische Zeichen über vielen Hauseingängen gar nicht zu übersehen. Es sagte, dieses Haus gehört dem orthodoxen oder dem lateinischen Patriarchat.

Das müsse ich wissen, fuhr der Mönch fort, um den stillen Krieg zu verstehen, der hier herrsche, den heimlichen Kampf Haus um Haus. Denn die Patriarchen von Jerusalem hätten den ihnen anvertrauten Kirchenbesitz eisern erhalten und, wo es möglich gewesen sei, gemehrt über die Zeit. Ohne ihren Grundbesitz seien die Christen nichts. Teilhabe an der Heiligen Stadt als irdisches Pfand für geistlichen Anteil an ihr – und als Faustpfand unter Kalifen und Sultanen, die den Christen ihrer Reiche keineswegs immer freundlich gesinnt gewesen seien. Nichts werde verkauft, absolut nichts, das sei die Regel. Die Katholiken hielten sich streng daran, versicherte der Mönch, und Charly Effendi hatte mir, was seine Armenier anging, das gleiche versichert: «Kein Quadratzentimeter wird verkauft!»

Auf der anderen Seite standen die Siedler. Sie wollten genau das, was die Kirchen so zäh verteidigten – Land. Sie siedelten nicht nur in den wüsten Weiten Judäas, sie taten es auch in Hebron und erst recht in Jerusalem. Ich erinnerte mich an das, was Ada mir gesagt hatte – sechzig Häuser im christlichen und im moslemischen Viertel waren schon in ihrer Hand.

Jerusalem als Immobilie, aber paradox. Das Geschäft lief genau andersherum als überall sonst auf der Welt. Nicht darum ging es, Geld zu machen mit Immobilien, es ging einzig darum, Land zu sammeln, Geld war ein Mittel zu diesem Zweck. Nicht Gelddurst war das Motiv, sondern Landhunger. Über die Siedler liefen in Jerusalem noch wildere Geschichten um als über den gefangenen Patriarchen. Alles wurde ihnen zugetraut, die Furcht vor ihnen war allgegenwärtig, und was der vielstimmige Klagechor gegen sie vortrug, klang ungefähr so:

Sie sind bewaffnet, manch einen haben sie schon erschossen, du kommst nicht gegen sie an. Sie sind sehr reich, für ein Haus im christlichen oder arabischen Viertel zahlen sie jeden Preis. Sie sind sehr gefährlich, denn sie sind exzellent informiert – über die Häuser, die Besitzverhältnisse, über die Schwächen der Besitzer. Sie haben Rechercheure. Sogar in der Türkei recherchieren sie alte osmanische Akten auf der Suche nach einer vergessenen Klausel, die ihnen hilft, ein Haus in ihren Besitz zu bringen. Sie suchen den schwachen Punkt. Ist der Eigentümer verschuldet? Ist er alt und krank? Ist sein Sohn drogensüchtig? Sie machen dir ein Angebot, wie du noch nie eines bekommen hast und im Leben nie wieder eines kriegen wirst. Sie legen dir den Kaufvertrag vor, die Summe kannst du eintragen, sie zahlen fast jede. Sie haben keine Eile, sie haben Zeit. Und sie haben ihre Leute, auch arabische. Ein Araber aus Galiläa kauft dein Haus, nicht etwa ein Siedler, wo denkst du hin, dann wärst du deines Lebens nicht mehr sicher. Nach einer Weile verkauft der Araber aus Galiläa das Haus an einen Araber aus Abu Dis, der verkauft es weiter an einen Araber aus Silwan und so fort. Erst der fünfte

Araber verkauft dein Haus an einen Siedler, nach fünf Jahren vielleicht. Du kannst dann sagen, ich hatte ja keine Ahnung, daß mein Haus an die Siedler gehen würde, ich habe es doch vor Jahren an einen Araber aus Galiläa verkauft, was dann geschah, davon weiß ich nichts. Oder sie sagen dir, du bist doch schwer krank und hast nicht mehr lange zu leben. Schau, wir hinterlegen die Kaufsumme auf ein Konto zu deiner Verfügung und machen von unserem Eigentumsrecht erst nach deinem Tode Gebrauch, auf diese Weise hast du keinen Ärger mit deinen arabischen Freunden und noch ein paar schöne Jahre. Oder du bist gesund und hast noch lange zu leben, dann besorgen sie dir einen Paß für ein Land weit weg in der Welt, und du bist über Nacht verschwunden mit einer Menge Geld. Oder sie machen großes Kino für dich. Vierzig bewaffnete Siedler stürmen nachts um drei dein Haus, jagen dich raus, und du stehst im Pyjama auf der Straße und schreist: Sie haben mich rausgeschmissen, sie haben meine Frau gegen die Wand geknallt, sie haben meine Kinder aus den Betten gejagt, Hilfe, Hilfe! Und irgendwann stellt sich heraus, nach Jahren vielleicht: Der Mann, der nachts im Pyjama die Straße zusammenschrie – er hat an die Siedler verkauft, alles nur Show. Alles nur, um ihn zu schützen, denn der Araber, der an Siedler verkauft, lebt gefährlich. Einem wurde gesagt, ja, wir glauben dir, daß die Siedler dich reingelegt haben, alles gut, besuch uns doch mal in der Westbank. Und er fuhr hin, erleichtert, daß alles gut war, und sein Auto flog in die Luft. Oder die Siedler graben Tunnel bis unter das Haus, das sie wollen. Tunnel, die Risse machen, das geht schnell hier, der Untergrund von Jerusalem besteht aus den Ruinen früherer Jerusalems, er ist mit Trümmern verfüllt und porös – dann muß das Haus leider geräumt werden wegen Einsturzgefahr. Bald darauf ist es ihr Haus. Alles wurde den Siedlern zugetraut, einfach alles.

Wenn ich die Leute, die mir das erzählten, dann fragte, habt ihr davon gehört, oder habt ihr das selbst erlebt, oder kennt ihr einen, der es erlebt hat, dann hieß es, frag den und den. Jeder sprach mit mir über diese Dinge ab einer gewissen Vertrautheit, aber wenige gaben zu, Genaues zu wissen. Man sah den heimlichen Krieg um Jerusalem nicht, er wurde im Stillen ausgefochten mit Geld, Anwälten und Strohmännern. Wenn man ihn sah, wenn auf einem Haus plötzlich Fahnen wehten und Bewaffnete standen, dann war es zu spät, dann war der vielleicht jahrelange heimliche Krieg um das Haus zu Ende und von den Siedlern gewonnen.

Was nun den abgesetzten und seither wie vom Erdboden verschwundenen Patriarchen anging, so war er wohl über einen solchen stillen Häuserkrieg gestürzt. Zog ich die Gerüchte und Mutmaßungen ab, blieb zweierlei: Erstens, in einem kühnen und in ihrer Kirchengeschichte beispiellosen Akt war die hohe Orthodoxie übereingekommen, einen der ihren abzusetzen, den Patriarchen von Jerusalem. Zweitens, dieser Akt hing offenbar mit einem Immobilienhandel mit den Siedlern zusammen. Und nicht um irgendein Haus ging es diesmal – ein Juwel sollte aus Jerusalems christlicher Stadtkrone gebrochen werden, ein einst berühmtes Hotel am Jaffator den Besitzer wechseln.

Ich kannte das Hotel, es stand neben dem Hostel, in dem ich die ersten Wochen zugebracht hatte. Nach dem seltsamen Besuch dort hatte ich Charly Effendi gefragt, ob er glaube, mein Hostel sei im Visier der Siedler. Nein, hatte er gesagt, nach seinen Informationen sei das nicht so, momentan gehe es um das große Hotel nebenan. Er empfahl mir, einen zu besuchen, der es wissen mußte, einen angesehenen Mann unter den Griechen, auf vertrautem Fuß stehend mit ihren Bischöfen und Patriarchen.

Ich ging zu seinem Haus und pochte, indem ich die Messinghand gegen die Tür schlug. Mir wurde auf ebenso altmodische Art geöffnet, der Hausherr stand oben an seiner Treppe und zog ein Seil. Mit einem leisen Klacken ging die Tür auf. Gebrechlich wirkte Dr. John, gebeugt vom Alter, alt und allein in seinem Haus. Den letzten Griechen hatte Charly Effendi ihn genannt, das konnte nicht ganz stimmen, zumindest kannte ich inzwischen mehrere letzte Griechen, aber ich verstand nun, was er gemeint hatte – das Heroische an einem Mann, über den man sagt, er sei der letzte seiner Art. In diesen Augen, in diesem vom Alter gebeugten Körperchen brannte es noch. Wir gingen in seinen Salon. Von dessen Fenster aus sah er Tag für Tag den merkwürdigen Korb hängen – er, ein furioser Mann.

«Durch dieses Fenster», hörte ich Dr. John sagen, «habe ich das 20. Jahrhundert kommen und gehen sehen. Unter diesem Fenster habe ich gelegen, als sich 1967 ein israelisches Kommando die Gasse hochkämpfte. Ich habe sie alle hier hochkommen sehen, Soldaten, Kirchenfürsten, Präsidenten. Ach, was rede ich, da steht alles drin.» Er drückte mir ein dickes Buch in die Hand – der Titel konnte stolzer nicht sein: «I am Jerusalem». Er war der Autor. Er war Jerusalem.

Er sprach, ich hörte zu. Er führte mich durch seine Erinnerungen und Gedanken wie ein barocker Fürst einen Gast durch seine Wunderkammer. Er sprach, und allmählich begriff ich, er hielt eine Rede, und wer da redete, war keine Frage. Sein Buchtitel hatte sie ja beantwortet.

«Ich kannte Jerusalem noch, als es eine kleine Stadt war, eine kleine heilige Stadt. Jetzt ist es eine große Stadt. Und? Jerusalem denkt nicht in Jahren, Jerusalem denkt in Jahrtausenden. Alle, die herkamen, wo sind sie? Fort! Römer, Byzantiner, Kreuzfahrer, Ottomanen, Briten, alle sind wieder gegangen. Keiner seiner vielen Eroberer respektierte Jerusalem, darum mußten sie irgendwann gehen. Jerusalem ist eine alte Dame, eine viertausend Jahre alte Dame mit grauem Haar. Nun kommen sie und wollen die Dame aufhübschen, herausputzen, sie jünger aussehen lassen. Sie mag das nicht, sie mag das gar nicht, es macht sie wütend. Es geht nicht um Politik. Sie verstehen Jerusalem nicht, darum geht es. Sie wollen daraus etwas machen, was es nicht ist.»

Er sprang ein paar Jahrtausende zurück. «Wir Christen sind halbe Juden, unsere Religion baut auf ihrer auf. Salomon baute den ersten Tempel, er wurde zerstört. Herodes baute den zweiten Tempel, er wurde zerstört. Jetzt warten manche Juden auf den dritten Tempel. Aber er ist doch da! Es ist die Grabeskirche.» Er lachte lodernd auf, elektrisiert von der Logik seines Gedankens. «Wenn es wirklich einmal einen dritten Tempel geben sollte, konvertiere ich sofort zum Judentum.»

Nach einer Pause fuhr er fort. «Man will jetzt aus Jerusalem eine europäische Stadt machen. Aber Jerusalem ist keine europäische Stadt. Jesus kam nicht nach London oder Paris, er kam hierher, warum ist das so schwer zu verstehen?» Er schüttelte den Kopf. «Wenn wir trauern, freuen sie sich in Westjerusalem. Wenn wir lachen, trauern sie. Die Gefühle sind so verschieden. Ich sage Ihnen etwas. Ich ziehe die Haredim den Zionisten vor.»

Ich wollte etwas sagen, ließ es aber. So konnte man es auch sehen. Man konnte den Haredim, den Ultraorthodoxen, vieles vorwerfen, aber nicht fehlenden Sinn für die Heiligkeit der Heiligen Stadt, das ganz gewiß nicht. Jetzt hätte ich gern Ada am Tisch gehabt, die genau das, wovor ihm graute, ein Wunder genannt hatte – die Europäisierung, einen europäischen Ort wie die Mamilla Mall, eine sacht entheiligte Heilige Stadt.

Dr. John wurde grundsätzlich. «Die Israelis haben ein Gutes: Wenn sie jemanden sehen, der mehr weiß als sie, dann kommen sie und hören ihn an. Die Araber tun das nicht. Israelische Historiker kommen zu mir und befragen mich, arabische nie.» Er wurde noch grundsätzlicher. «Ich bin nicht allzu gläubig. Aber ich mag es, jeden Morgen zu beten, meist die alten Psalmen.» Er war nun ganz bei den Letzten Dingen. Charly Effendi hatte mir über ihn gesagt, er lasse nachts das Licht an, um nicht im Dunkel zu sterben. Dieses Dunkel ließ ihm keine Ruhe. Er sprach, als sei ich nicht da, er redete sich ein paar Zentimeter tiefer in den schwach glimmenden Glauben hinein. «Ich sage mir, falls es kein Leben nach dem Tod gibt, wenn wir alle sterben wie Katzen, Hunde und Hühner, dann bräuchte es keine Erde zu geben. Wenn wir einfach nur ein paar Tage Spaß haben im Leben, und dann ist alles aus – wozu dann eine Erde, eine Welt, das ganze Menschentheater, Geschichtstheater? So viel Unglück, so viele Tränen. Während wir hier reden, ertrinken irgendwo Flüchtlinge im Meer.»

Er hielt inne, und diesmal ergriff ich die Gelegenheit, eine

Frage zu stellen. Würde das Jerusalem, das er liebte, die moderne Welt überleben, die drauf und dran war, sich diese komische Heilige Stadt, diesen weltweit einzigartigen Sonderfall, einmal gründlich vorzunehmen?

Er sah mich an. «Jerusalem hat zweitausend Jahre überlebt, jede seiner Zerstörungen.» Wieder sprang er durch die Zeiten. Die beste Zeit sei die unter dem britischen Mandat gewesen. «Und die friedlichste war die des Zweiten Weltkriegs – was schauen Sie mich so an? Ich weiß, daß sonst überall Krieg war, aber nicht hier, die Jahre von 1939 bis 1945 waren in Jerusalem eine goldene Zeit, die Kriege, die Spaltungen der Stadt, das kam alles danach.» Unter den Jordaniern seien viele Häuser zerstört worden, andere hätten sich Araber genommen, und seinen eigentlichen Familiensitz, ein schönes, großes Haus in Westjerusalem, hätten die Israelis zerstört. «Das war, als wir 1948 fliehen mußten, in die Altstadt, in dieses Haus hier. Es war lange voller Flüchtlinge, wir haben es mit ihnen geteilt.»

Er sprach über Zelebritäten, denen er in seinem langen Leben begegnet war. Päpste, Präsidenten, Patriarchen. Er verwahrte die Korrespondenz mit ihnen, Fotos, Briefe, Urkunden, und zeigte mir einiges davon, aber er war schon bei einem neuen Kleinod aus seiner Lebenssammlung. «Kennen Sie die heilige Egeria?»

«Die Nonne, die um das Jahr 400 nach Jerusalem pilgerte?»

«Genau die. Was sie berichtete, existiert immer noch. Als ich jung war, wollte ich auch so ein Buch schreiben wie sie. Nicht über das, was neu ist – über das, was bleibt. Wissen Sie, ich glaube nicht an Kinder. Niemand weiß in fünfhundert Jahren, wer sein Ururgroßvater und seine Ururgroßmutter waren. Ich habe vier Neffen, sie wissen jetzt schon kaum, wer ich bin. Das alles ist sterblich.» Jetzt war er wieder weit weg. «Die Sterblichkeit ist stark.»

Sein Fenster zur Welt war ein großzügiger Erker, wie es kaum einen anderen im alten Jerusalem gab. Man stieg aus der Tiefe des christlichen Viertels die Gasse der Griechen hinauf und ging auf diesen Erker zu, von dem aus er Könige und Soldaten hatte heraufziehen sehen und in dem wir jetzt saßen. Sein Haus war ein Archiv. An den Wänden hingen Fotos von Berühmtheiten, die er gekannt hatte, jüdische, christliche, moslemische. Erinnerungen. Nun war er alt.

«Etwas hält mich», spann er seinen Gedanken fort, «es muß eine Kraft geben, die mich hält. So viele kommen zu mir und befragen mich. Ich werfe nichts weg. Es ist eine Krankheit, aber eine gute. Manchmal kann ich's nicht mehr tragen. Vor drei Tagen bin ich gestürzt. Ich hätte weg sein können. Ich bin noch da. Sie hätten mich sonst nicht mehr angetroffen, unglaublich, wie?»

Eine Frage hatte ich noch, die nach dem Korb, den man von Dr. Johns Erker so gut sah. «Ja», sagte er, «der alte Patriarch ist immer noch im Konvent. Er könnte rausgehen, aber er traut sich nicht, aus Angst, auf der Straße angegriffen oder aber nicht wieder in den Konvent hereingelassen zu werden. Beides wäre sehr wahrscheinlich nicht so. Er ist ja noch Mönch, man hat ihm alle höheren Würden entzogen, aber nicht die Mönchsweihe, also kann er ins Kloster gehen, sie können ihn gar nicht aussperren.»

Er unterbrach sich und fuhr in verändertem Ton fort. Eben noch nachdenklich sprechend, erhob er jetzt die Stimme und beschwor den allzu neugierigen Gast: «Rühren Sie das nicht an! Es ist noch immer vor Gericht. Jemand trat an den Patriarchen heran, es ging um das Hotel am Jaffator, aber dieser Jemand sagte nicht, daß im Hintergrund die Siedler warteten.» Dr. John sah mich direkt an. «Es ist die Büchse der Pandora! Sie wissen, was die Büchse der Pandora ist?» Ich nickte zerstreut. Ich wußte nun, daß ich mehr über das Geheimnis des unsichtbaren Patriarchen nicht erfahren würde, nicht von Dr. John. Aber vielleicht von dem Mann, der das umkämpfte Hotel immer noch führte.

ARABISCHER ADEL

Ich stieg die Treppe zur Beletage des Hotels hinauf, fand die Rezeption unbesetzt und die Tür zum Büro des Hoteliers offen. Den Mann, der hinter dem Schreibtisch saß, erkannte ich wieder. Er war mir aufgefallen, wenn er morgens durchs Jaffator kam in seinem eleganten kamelfarbenen Mantel, sein zurückgekämmtes weißes Haar, das schmale, ernste Gesicht, die ganze Art zu gehen. Andere eilten, schlenderten, stapften. Er schritt. Den Namen seiner Familie kannte jeder Jerusalemer, und auch der ahnungsloseste Tourist kam daran nicht vorbei, der Name stand über einigen der vornehmsten Antiquitätengeschäfte der Stadt.

Weil es unhöflich gewesen wäre, mit der Tür ins Haus zu fallen, sprachen wir erst einmal über fernere Dinge. Er führte mich nach nebenan vor eine große filigrane Zeichnung, die arabisch beschriftet war. «Das ist unser Stammbaum, und er enthält nur die Männer.» Er zeigte auf einen winzigen roten

Punkt links im üppigen Gezweig – ein Körnchen in einem dichten, in zahllose Äste und Blätter auslaufenden Baumwipfel. «Das bin ich.»

Der Stammbaum umfasse die siebenhundert Jerusalemer Jahre seiner Familie. «Wir kamen aus Marokko hierher. Seitdem, seit siebenhundert Jahren, spielen wir, nun ja, eine gewisse Rolle. Mein Vater besprach die Jerusalemer Angelegenheiten mit König Abdallah von Jordanien, bevor der König in der al-Aqsa-Moschee erschossen wurde, von einem Palästinenser, wie Sie wissen. Der König hatte als einziger arabischer Herrscher den Teilungsplan der UNO für Palästina anerkannt.»

So ging es weiter, er sprach über historische Ereignisse und Gestalten in einem so privaten Ton wie andere über ihre Cousins und Cousinen, übergangslos glitt er von Weltgeschichtlichem zu Erinnerungen an kindliche Abenteuer und wieder zurück. «Als Junge hat mein Onkel eine Höhle unter dem Grab König Davids auf dem Zionsberg gekannt. Sie führte tief hinein unter die Stadt, zu immer neuen Höhlen, durch sie konnte man unterirdisch bis unter das Zentrum der Altstadt gelangen. Und wissen Sie, das Land, auf dem die römische Terra Santa steht, es gehörte uns. Wir haben es den Franziskanern verkauft, vor vierhundert Jahren ist das gewesen.» Heute sei seine Familie über die ganze Welt verstreut. «Ich kenne die meisten nicht, es sind Tausende. Nun aber zu den Dingen, um die es hier geht.»

Er gab mir seine Version des Kampfes um sein Hotel, so knapp und konzentriert wie eben einer, der das alles nicht zum erstenmal erzählt. «Es ist so: Sie hatten schon neunzig – ach was, fünfundneunzig Prozent in der Tasche. Sie zogen die

Schraube an, und sie war fast ganz angezogen, es fehlte nur noch die letzte Umdrehung. Ich bin Moslem, aber kein guter. Mein Verhältnis zur Religion ist nicht gut. Aber mein Verhältnis zu Gott ist gut. Gott ist mein Freund. Ich weiß es, ich bin sicher, er hat mich gerettet. Wissen Sie, was ich für Alpträume habe? Wie schlecht ich schlafe? Sie haben mit allen Mitteln versucht, mich aus meinem Hotel rauszukriegen. Ich bin ein *protected tenant*, wissen Sie, was das ist?»

Ich wußte es ungefähr, Charly Effendi hatte es mir erklärt, es war die im alten Jerusalem übliche Rechtskonstruktion, wenn es um Häuser in kirchlichem Eigentum ging. Der *protected tenant* zahlt einmalig eine recht hohe Summe an die Kirche, erwirbt dafür sehr langfristig die vertraglich geschützte Verfügung über das Haus, dessen stiller Eigentümer aber die Kirche bleibt.

Ein Konstrukt, das allen Seiten dient. Der Kirche garantiert es, daß ihr Grundeigentum erhalten bleibt. Dem *protected tenant* gibt es dauerhaft Sicherheit, er kann über den Besitz verfügen, mit dem Haus wirtschaften, indem er es selbst nutzt oder vermietet. Und der Stadt haucht dieses Konstrukt Leben ein, denn die Kirche könnte ihre vielen Häuser unmöglich selbst nutzen, so aber entstehen Wohnungen, Geschäfte, Restaurants und Hotels wie das, dessen *protected tenant* ich jetzt gegenübersaß.

«Vor zehn Jahren», fuhr er fort, «floh der Finanzchef des Patriarchats, ein junger Mann aus Griechenland, ein Laie. Er hatte Geld an sich gebracht und war spurlos verschwunden. Es war das erste Mal seit Jahrhunderten, daß ein Laie eine so hohe Position im Patriarchat innehatte. Mit ihm hatten sie die Sache im Geheimen eingefädelt, Verträge gemacht, mein

Hotel an sich gebracht. Dann flog die Sache auf, und der Patriarch wurde abgesetzt, das ist die Geschichte.»

«Sie, das sind die Siedler?»

Er sah mich an, als habe ich ihn gerade gefragt, ob sein hölzerner Schreibtisch aus Holz sei.

Eine Frage hatte ich noch, die nach dem Patriarchen. Ich stellte sie.

«Ich war noch einmal bei ihm», sagte er, «ein letztes Mal. Ich bin ein einfacher Mann, habe ich ihm gesagt, kein hoher Kleriker wie du, aber ich bin ein freier Mann. Du warst Patriarch von Jerusalem, der König der Welt. Jetzt bist du ein Gefangener in deinem eigenen Konvent.»

Ein freier Mann – ein glücklicher Mann, wer das über sich sagen konnte. Verglichen mit dem Patriarchen, stand der Hotelier gut da. Der eine saß gefangen in seinem Palast, der andere nach wie vor hinterm Chefschreibtisch seines Hotels, aber wie lange noch? «Wem gehört das Hotel jetzt eigentlich, wer ist der Sieger in diesem Kampf, Sie oder die Siedler?»

«Die Sache ist immer noch vor Gericht, es wird Jahre dauern. Ich kämpfe. Mein Anwalt ist Jude, ein guter, ehrlicher Mann. Meine Familie hatte Besitz in Westjerusalem, Häuser, Läden, das alles hat man uns 1967 genommen. Darüber rede ich nicht, es ist weg. Vergessen. Aber daß wir nun auch noch aus dem heraussollen, was uns hier in der Altstadt geblieben ist, daß unsere Wurzeln ganz herausgerissen werden sollen, das ist zuviel. Ich kämpfe, aber diese Leute haben Zeit. Wir Menschen sind ungeduldig. Was wir wollen, wollen wir sofort. Sie nicht, sie haben Geduld. Sie können warten. Und ich bin alt. Sie warten, bis die Kerze herunterbrennt, ganz abbrennt, erlischt. Die Kerze bin ich.»

Es wäre ein starker Schluß seiner kleinen Rede an mich gewesen, aber er hatte noch nicht zu Ende gesprochen, etwas brannte ihm auf der Seele, das gesagt werden mußte.

«Gehen Sie durchs armenische Viertel», beschwor er mich, «klopfen Sie an die Türen und zählen Sie die, die noch jemand öffnet. Viele Häuser dort stehen leer. Dann gehen Sie durchs Christenviertel und zählen die jungen Leute, die Sie da noch treffen. Die meisten sind alt, die Jungen fort. Und dann kommen diese Leute» – er nannte sie immer nur «diese Leute», er weigerte sich, sie bei irgendeinem Namen zu nennen –, «dann kommen sie zu den Alten und sagen: Sehen Sie, es gibt da dieses Gesetz. Wenn Sie sterben oder lange abwesend sind, fällt Ihr Haus an den Staat. Es tut uns leid, wir haben das Gesetz nicht gemacht, aber bevor es an den Staat fällt – wollen Sie nicht lieber etwas dafür bekommen und einen angenehmen Lebensabend haben? Und dann bieten sie den alten Menschen Geld, viel Geld, so erobern sie Haus um Haus.»

Er lehnte sich zurück und fuhr sich durchs weiße Haar. Er trug ein gutsitzendes Jeanshemd, er hätte in Werbefilmen auftreten können mit seinem schönen, männlichen Gesicht. Werbung für schöne, männliche Dinge. Anzüge. Autos. Zigarren. Er schwieg eine Weile.

«Was aus Jerusalem wird», sagte er dann, «hängt nicht von den Moslems ab und nicht von den Juden, es liegt allein an den Christen. Den Christen gehört die Altstadt, nicht den Moslems, nicht den Juden. Es liegt in ihrer Macht, was hier wird. Und sie kümmern sich nicht darum. Sie kümmern sich um Afrika, um alles mögliche. Wo war Jesus, über welche Steine ging er, wo stand sein Kreuz? In Afrika? Es war alles hier, hier! Die Christen haben Jerusalem vergessen. Ich als Moslem sage das. Es ist traurig. Jerusalem ist euch egal. Was ist los mit euch? Was ist los mit euch?»

ABEND AM JAFFATOR

Nachdem ich ihn verlassen hatte, ging ich die paar Schritte zum Jaffator und setzte mich auf die Steinbank davor, die Wärme des Tages war noch darin. Die Sonne stand tief, Jerusalem nahm seine Wüstenfarbe an. Neben mir saß eine ältere Frau im schwarzen Kleid, ich hatte sie nur flüchtig bemerkt und erkannte sie erst jetzt als meine Nachbarin aus dem Konvent. Sie kam so gern her wie ich und konnte sich dem Zauber dieser Stunde so wenig entziehen wie ich, aber sie gehörte leider zu denen, die darüber sprechen müssen.

Sie sagte schöne, friedfertige Dinge. Keinen Haß hege sie gegen andere Religionen. Ob Moslems oder Juden oder Hindus, alle seien Kinder Gottes, jeder auf seine Art, so redete sie. Es paßte zum versöhnlichen Abendlicht, zur Stimmung des Augenblicks und klang doch wie Beschwörung.

Im Jaffatorbogen war eine kleine Metallkapsel befestigt, etwa in Kopfhöhe. Fast jeder Jude, der durchs Tor ging, berührte sie kurz mit der Hand. Ein Greis tat es blind, ohne hinzusehen, seine Hand tat es von selbst. Ein Mädchen hob seinen kleinen Bruder hoch, damit er die Kapsel erreichen konnte, er stieß einen Freudenschrei aus, als es gelang. Ich kannte den Brauch nicht, auch meine Nachbarin konnte ihn nicht recht erklären, so fragte ich die Frau, die gerade durchs Tor ging und nach der Kapsel griff. Viele kamen um diese Zeit von der Klagemauer und gingen heim nach Westjerusalem, und viele Frauen darunter, auch junge, trugen die Perücke, mit denen fromme Jüdinnen ihr Haar bedecken. Manche erkannte man sofort, das waren die billigen, die teuren ließen einen im Zweifel, so eine trug sie. Sie gab mir freundlich Auskunft.

«Das ist eine Mesusa, die finden Sie an vielen Türen. Sie erinnert an die zehnte der zehn Plagen, die Moses dem Pharao vorhersagte, damit er die Israeliten ziehen ließ. In einer Nacht wurden alle erstgeborenen Kinder Ägyptens erschlagen, auch der Sohn des Pharao. Nur die wurden verschont, deren Haustüren mit dem Blut eines Opferlamms bestrichen waren, so hatte es Gott dem Mose befohlen, und so taten es die Juden – danach ließ der Pharao sie gehen.»

Ich bat sie, mir das Wort aufzuschreiben. Mesusa. Sie lächelte nachsichtig. «Es ist Sabbat.»

«Pardon, natürlich, aber könnten Sie es mir buchstabieren?»

Sie überlegte kurz, dann sagte sie: «Ja, das geht.»

Ich sah auf die Uhr. Zehn vor sechs, zehn Minuten noch, und der Sabbat endete. Sie nahm es sehr genau mit dem Gesetz.

Die Sonne sank hinter die Hochhäuser im Westen, die Steinbank war leer, die Nachbarin heimgegangen in den Konvent, und auch ich wollte heimkehren in die Mauern wie in einem fernen Jahrhundert, so als werde das Tor gleich geschlossen. Wörter schwebten umher wie Nachtvögel, Akedah, das Wort aus dem Taxi, Mesusa, das Wort von eben. Der zum Opfer gebundene, durch göttliche Intervention im letzten Moment gerettete Abrahamsohn – und die erschlagenen Söhne Ägyptens, die geretteten der Israeliten.

Ich ging nicht geraden Weges heim, ich suchte noch den Aufgang zum Dach der Welt – einen alten Lieblingsplatz ungefähr da, wo das arabische ans jüdische Viertel stößt. Zwei Treppen führten hinauf, soviel wußte ich noch, eine eiserne und eine aus Stein, beide nicht leicht zu finden, man mußte sich auskennen. Ich irrte eine Weile umher, bis ich die eiserne fand, und betrat das Dach um die Zeit des letzten Lichts.

Eben erlosch die goldene Kuppel des Felsendoms – ich sah zu, wie ihr Gold von unten her stumpf wurde, jetzt leuchtete nur noch die Spitze, jetzt nichts mehr. Jetzt war sie fast so grau wie ihre ältere Schwester, die Kuppel der Grabeskirche. Auf dem Dach der Welt hatte ich in der Sonne gelegen, allein mit dem Himmel und dem Gackern der Hühner, die ein Araber hier oben in windschiefen Käfigen hielt, allein wie der jüdische Posten in seinem Stacheldrahtverhau, der das Siedlerhaus unter ihm sicherte. Das Gehäuse namens Jerusalem bedeckte hier oben eine ungefähr fußballfeldgroße Dachkruste, keine Gasse unterbrach sie, die Souks unter mir waren nach oben hin übermauert. Flache Kuppeln der Häuser ragten hier und da auf. Manchmal kamen Kinder herauf, um auf dem Dach der Welt zu spielen. Sie rannten von Kuppel zu Kuppel, die Kleinen kletterten auf die flachen, die Mutigeren sprangen von den hohen herab.

Unter den Kuppeln lagen die Häuser, Gassen und Souks, die ziemlich unebene Dachebene verdeckte sie alle. Aus kleinen Schächten und Röhren quollen Geräusche und Essensgerüche aus den Häusern und Gassen empor. Der Rauch einer Schawarmabude unten im Souk, die quäkenden Stimmen des Comicfilms, der irgendwo in einem Fernseher lief, Frauenstimmen, Frauengelächter. Vergitterte Oberlichter gewährten Blicke in die überdachte Basargasse unter mir oder in ein Gewölbe, in dem Männer auf Basthockern saßen, Kaffee tranken und an ihren Nargilehs sogen, oder in die Intimität eines geheimen Hofes, von dem der Passant im Basar nichts ahnte und den er nie sehen würde.

Erinnerungen. Nichts war mehr so, auf dem Dach der Welt war jetzt viel los. Eine Thoraschule hatte sich angesiedelt, ihre Studenten spazierten hin und her, das Dach der Welt war ihr Schulhof. Sie waren die Stillsten hier oben. Gruppen jeder Art führte man herauf, Schulklassen, Touristen, Soldaten, um ihnen diese lebende Landkarte des himmlischen und des irdischen Jerusalem zu zeigen, die einmal mein heimliches, exklusives Vergnügen gewesen war. So ist es mit Erinnerungen. Man soll sich nicht mit ihnen verabreden nach Jahren und sich einbilden, sie hätten auf einen gewartet.

DER MUKHTAR DER SIEDLER

Es war Sonntagvormittag, ich saß vor einem Café im Muristan, und in meiner Hosentasche steckte ein Zettel, darauf war etwas gekritzelt – kein drittes Wort aus der Moseszeit, sondern eine Mobilnummer. Eine Weile schon trug ich den Zettel mit mir herum, einen abgerissenen Zeitungsfetzen, der langsam morsch wurde. Ich zog ihn hervor, spielte unschlüssig damit herum, dann rief ich wieder die Nummer an und erreichte wieder nur die Mailbox des Mannes, dessen Name danebenstand – ein Name, der in Jerusalem, je nachdem, in welchem Viertel er fiel, Stolz oder Panik auslöste.

Ich mochte die Sonntage in Jerusalem. Schon den Samstag über ruhte die Stadt vom Superfreitag aus. Die Juden hielten ohnehin ihren Sabbat heilig, aber auch die anderen kamen zur Ruhe, und diese Samstagsstille hielt an bis jetzt, bis in den Sonntag hinein. Juden und Moslems bedeutete er nichts, ein Tag wie andere Werktage auch, aber im Zyklus der Stadt war die Zeit vom freitagabendlichen Sabbatbeginn bis zum Sonntag ein Ausatmen und Stillwerden, das Drängen und Hasten erstarb, wer jetzt ging, der ging ruhiger als sonst seines Weges.

Das Café, vor dem ich unschlüssig saß, lag im Erdgeschoß eines prominenten Siedlerhauses. Jeder kannte das ziemlich große, fast palaisartige Gebäude bei seinem alten Namen: Saint John Hospice. Kaiser Karl der Große, der gute Beziehungen zu Kalif Harun al-Raschid unterhielt, hatte hier, wo ich jetzt meinen Morgenkaffee trank, ein Benediktinerkloster und eine Kirche bauen dürfen. Beide wurden 1009 von einem anderen Kalifen dem Erdboden gleichgemacht, von dem Christenhasser al-Hākim, er vernichtete das ganze christliche Jerusalem samt der Grabeskirche, aber nicht lange danach errichteten italienische Kaufleute hier das St.-Johannes-Hospiz.

Dann kamen die Kreuzritter und führten es weiter, der Johanniterorden entstand hier, und nun saßen Siedler in St. Johann mitten im christlichen Viertel, einen Steinwurf von der Grabeskirche entfernt. Ihre Fahnen und ihre Wäsche hingen von den Balkonen, aber nie hatte ich einen leibhaftigen Siedler zu Gesicht bekommen; ich fragte mich, ob sie das eroberte Haus überhaupt bewohnten, so leblos wirkte es.

Doch an diesem Sonntagmorgen stand seine Tür offen. Zwei junge Männer wachten davor, einer mit Funkgerät, der andere mit Pistole im Gürtel und Gewehr im Arm. Es herrschte ein reges Kommen und Gehen, vor allem letzteres. Ein junger Mann trat heraus und entfernte sich rasch, unter seinem T-Shirt zeichnete sich die Kontur seiner Waffe ab. Immer mehr junge Männer kamen aus der Tür, zehn, zwanzig, auch sie trugen oft Waffen und mancher einen prallen Rucksack. Selten kam oder ging ein Kind, eine Frau, ein Greis.

Nicht wie ein Haus, in dem ansiedlungswillige Familien endlich Wohnung gefunden hatten, wirkte es, eher wie die Zentrale einer irregulären Miliz, die seltsamerweise das Privileg hat, Feuerwaffen zu tragen. Wohnten etwa all diese jungen Männer im St. John? Schnellen, entschlossenen Schrittes gingen sie fort, wie Männer, die von einer Versammlung kommen oder sich ihren Kampfauftrag abgeholt haben. Den beiden, die vor der Tür Wache hielten, gefiel ihr Auftritt. Wie Gockel gingen sie auf der Gasse herum, mitten in einer Gegend, in der Café an Café grenzte und durch die sich an normalen Tagen Touristen und Pilger schoben.

Die erschienen nun allmählich, es wurde voller im Muristan, und das Seltsame war, jeder ignorierte die stolzen Siedler mit ihren Waffen und Funkgeräten, die arabischen Wirte und Kellner so gut wie ihre Gäste aus aller Welt. Vielleicht waren sie an den Anblick bewaffneter Polizisten und Soldaten so sehr gewöhnt, daß ein paar Bewaffnete mehr ihnen nichts ausmachten. Vielleicht war hier auch manches eingespielter, als es der oberflächliche Blick wahrnahm, lagen doch die Geschäfte der arabischen Händler und Wirte im Erdgeschoß des Siedlerhauses. Arrangements waren unumgänglich. Und doch hatte die Szene etwas Gespenstisches.

Ungerührt strich der Geldwechsler dicht an den Bewaffneten vorüber, sein «Change money, change money» singend, mit seinem Geldscheinpacken wedelnd, desgleichen der fliegende Händler mit seinen Rosenkränzen und Kippot, auch die bei den Siedlern beliebten gehäkelten bot er feil. Das alles geschah auf Tuchfühlung. Jeder wußte ganz genau, wer der andere war, tat aber so, als sei er Luft. Jeder spielte seine Rolle in diesem Schattenspiel, aber so, als sei der andere Schattenspieler, der doch im nächsten Augenblick der Feind sein konnte und es in vielen bitteren Kämpfen wirklich gewesen war – als sei dieser andere gar nicht da. Die hohe Kunst des Aneinandervorbeisehens und Aneinandervorbeigehens, sie funktionierte sogar unter Waffen.

Nachdem etwa dreißig junge Männer das Siedlerhaus verlassen hatten, kam endlich eine Siedlerin. Im langen schwarzen Rock und schwarzem Kopftuch schob sie ihren Kinderwagen durch die mittlerweile dichte Menge. Niemand schaute sie an, niemand sah sie, nicht einmal, als sie mit dem Wagen jemanden im Vorbeigehen rammte. Sie war zu schnell weg, um sie das zu fragen, was ich gern wissen wollte.

«Warum sind Sie hier?» Ich fragte es die zweite Frau, die jetzt herauskam, sie rannte nicht gar so schnell weg. Aber sie wollte sowenig angesprochen werden wie alle anderen, die das St. Johannes verließen oder hineingingen; eilenden Schrittes lief sie an meiner Frage vorbei, mißtrauisch gegen die Straße, gegen das fremde Viertel und auch gegen mich.

Dann blieb sie aber doch stehen, wandte sich um und würdigte mich einer Antwort, bevor sie verschwand. «Weil es Jerusalem ist.»

Weil es Jerusalem ist. Was für ein Wort. Weil du es bist. Weil ich dich liebe. Man mußte das einmal gehört, es einmal begriffen haben. Es war keine gewöhnliche Landnahme, nicht wie damals in Amerika, als europäische Siedler den Ozean aus Gras, die Prärie, in Hundertsechzig-Hektar-Parzellen absteckten und darauf erste rohe Hütten bauten. Es war eine Menschennahme. Bevor diese Siedler das Land nahmen, hatte das Land sie genommen – das verheißene Land, Judäa und Samaria und allen voran diese Stadt. Es war alles gesagt – weil es Jerusalem ist.

Weil aber Liebe sowenig unschuldig ist wie jede andere menschliche Regung, war eben doch nicht alles gesagt. Ich zog den morschen Zettel hervor und wählte die Nummer des Anführers der Siedler. Ein Extremist, hatte der Bekannte gesagt, der mir die Telefonnummer gegeben hatte, aber ein interessanter Extremist. Einmal noch, sagte ich mir, geht er jetzt nicht ran, werfe ich den Zettel weg. Er ging ran, und das Gespräch war nach zehn Sekunden am Siedepunkt.

«Guten Morgen.»

«Was wollen Sie?»

«Ich höre so vieles über die Siedler, ich würde gern wissen, was Sie dazu sagen.»

«Wer sind Sie?»

«Ich bin in Jerusalem, ich schreibe ein Buch.»

«Was für ein Buch?»

Ich sagte es ihm.

«Woher sind Sie?

«Aus Berlin.»

«Und was wollen Sie?»

Ich wiederholte es. Er wurde mit jedem Wortwechsel lauter.

«Und – worüber wollen Sie mit mir reden? Über das schöne Wetter oder was? Aus Berlin, ja? Ich sage Ihnen, worüber wir reden, wir reden über meine Berliner Großmutter!»

Er kannte mich nicht. Ich kannte ihn nicht. Wir telefonierten seit einer halben Minute. Er schrie mich an. Ich legte auf. So endete der Versuch, mit dem Mann zu sprechen, den Ada den *Mukhtar* der Siedler genannt hatte.

ZÜNDER

Wäre Jerusalem eine Bombe, der Tempelberg wäre ihr Zünder. Wie leicht es ist, daran herumzuspielen, und was dann geschieht, erlebte ich gleich beim ersten Besuch dort oben. Die christliche Grabeskirche war frei zugänglich von früh um sieben bis abends um sieben und meist überfüllt. Der Zugang zur jüdischen Klagemauer führte zwar durch Sicherheitsschleusen, stand aber jedermann jederzeit frei, sofern er eine Kippa trug.

Natürlich besuchten überwiegend Christen die Grabeskirche und hauptsächlich Juden die Klagemauer, aber auch hin und wieder Moslems. Neugierig wanderten sie durch die ihnen fremden Welten der Mönche, Bilder und Altäre oder der schwingenden Beter vor der gewaltigen Stützmauer des einstigen Tempels. Einmal wurde ich Zeuge, wie aus einer Gruppe türkischer Moslems die Mutigsten sich lösten und ganz nach vorn gingen, dicht heran an die Klagemauer. Kein Jude nahm Notiz davon. Es störte niemanden, daß Moslems ihre Klagemauer besuchten, und sie störten niemanden beim Beten.

Beim Tempelberg war alles anders. Es fing damit an, daß ihn Nichtmoslems nur an bestimmten Tagen und während weniger Stunden betreten durften und nur durch ein einziges, besonderes Nichtmoslemtor. Alle anderen Tore zum Haram asch-Scharif, dem edlen Heiligtum, wie die Moslems den Tempelberg nennen, führen direkt aus Gassen und Souks des arabischen Viertels hinein. Das Tor für Nichtmoslems befindet sich hoch über der Klagemauer, der Weg hinauf führt vom Vorplatz aus über eine käfigartige Brücke auf Stelzen.

Dort erschien ich früh um sieben und stellte mich in der Schlange der Wartenden an, sie war schon jetzt lang. Israelisches Militär kontrollierte jeden, der hinaufwollte, auf verdächtige Gegenstände, Militär patrouillierte oben auf dem Haram asch-Scharif. Am Kontrollposten stand ein Mann, ein älterer Zivilist, und hielt die israelische Fahne hoch. Er sah kämpferisch aus. Ich fragte ihn, ob er protestiere.

«Ja, das tue ich.»

«Und gegen was?»

«Dagegen, daß diese Fahne nicht auf dem Tempelberg weht.»

Das waren die einen. Sie wollten auf dem Tempelberg, der seit dem 7. Jahrhundert moslemisch war, den großen jüdischen Tempel wiedererrichten, den die Römer im Jahre 70 restlos zerstört hatten. Leute wie der Mann mit der Fahne wollten den Tempelberg am liebsten gleich einnehmen – die Frommen unter den Tempelbauern erst, wenn der Messias käme; ihm vorzugreifen, hielten sie für Frevel.

Und dann gab es Juden, denen es regelrecht verboten war, den Tempelberg zu betreten. Langsam schob sich die Schlange am Schild des *Chief Rabbinate of Israel* vorüber, das fromme Juden davor warnte, hinaufzugehen. «Nach dem Gesetz der Thora ist das Betreten des Tempelberges strikt verboten, denn es ist ein heiliger Ort.» Das verstand ich nicht, aber ich würde es bald verstehen.

Ich ging die Stelzenstiege hinauf, sah unter mir die Männer und, getrennt von ihnen, die Frauen an der Klagemauer beten, und trat durchs Tor. Mir bot sich ein friedliches, ja idyllisches Bild. Auf dem weiten Gelände, von dessen enormer Größe man sich unten im Gewirr enger Altstadtgassen keine Vorstellung machte, lagerten Gruppen und Grüppchen, die Frauen gleich rechts beim Tor, das ich eben durchschritten hatte, die Männer überall sonst. Man las still für sich im Koran oder lauschte einem Vorleser, andere picknickten und palaverten.

Die Frauen saßen vor dem Museum, in einem steinernen Meer aus Säulenkapitellen der byzantinischen Zeit, die Männer zogen die flach ummauerten Karrees unter schattenspendenden Bäumen vor – Lehrplätze der verschiedenen islamischen Schulen. Jedes Karree besaß eine Gebetsnische, ausgerichtet genau nach Süden, nach Mekka, von Jerusalem aus gesehen. Die eigentlichen heiligen Stätten hier oben, die al-Aqsa-Moschee und der Felsendom mit seiner weithin leuchtenden goldenen Kuppel, waren um diese Zeit mäßig besucht.

Plötzlich wurde es laut. Es begann vorn bei den Frauen, schrille Rufe erschollen. «Allahu akbar! Allahu akbar!» Gott ist groß! Die tiefer im Gelände sitzenden Männer hörten es und fielen sofort ein. «Allahu akbar!», nun dunkler, donnernder, der Ruf rollte über den ganzen Tempelberg. Juden hatten ihn betreten, die Frauen am Tor sahen sie zuerst und ließen ihren Warnschrei hören, die Männer fielen ein. So ging es immer, wenn Juden im Nichtmoslemtor erschienen.

Das Schreien konnte aber von unterschiedlicher Temperatur sein. Kam eine jüdische Gruppe ohne religiöse Attribute, um einfach ihre Runde über den Tempelberg zu gehen wie andere Besucher auch und ihn bald wieder zu verlassen, beruhigte sich das Schreien und erstarb. Waren es aber Siedler, heizte es sich auf zur Demonstration. Manchmal, so hatte ich gehört, versuchten Gruppen, am vermuteten Ort des jüdischen Tempels zu beten oder jüdisches Ritualgerät heraufzubringen; damit forderten sie die Moslems heraus, die den Tempelberg als ihr Heiligtum ansahen, und zugleich verstießen sie gegen das Verbot des Oberrabbiners, dergleichen zu tun.

Den jungen Leuten, denen das Schreien galt, stand die Unsicherheit in den Gesichtern, aber sie gingen ruhig durch das Spalier aus «Allahu akbar!» in Richtung Löwentor – die übliche Tour. Ich nahm den gleichen Weg und erfuhr, daß sie aus Haifa kamen und gerade ihre Vorbereitung auf den Armeedienst absolvierten, der Besuch hier oben gehörte dazu. Als wir auf eine arabische Schulklasse trafen, legten sich die acht- oder neunjährigen Jungs ins Zeug, um zu zeigen, daß auch sie schon konnten, was sie den Älteren abgeschaut hatten, und schmetterten uns ein glockenhelles «Allahu akbar!»

entgegen. Gott ist groß, und Mohammed ist sein Prophet. Als sie das ein paarmal wiederholt hatten und damit durch waren, holten sie hervor, was sie sonst noch hatten, politische Parolen gegen die Besatzung. Es war der Ehrgeiz von Kindern, einmal allen zu zeigen, was sie konnten. Ihre jungen Lehrerinnen mit ihren Kopftüchern und fußlangen Mänteln versuchten kichernd, die Lage zu beruhigen, halb gerührt, halb verschämt, halb stolz auf ihre Schüler, halb entschuldigend. Lachend und zischend mahnten sie ihre Klasse zur Ruhe. In der Nähe räumten arabische Arbeiter eine Wiese auf, auch sie nahmen es von der heiteren Seite und grinsten. Und die Juden – ich wurde dazugezählt, weil ich nicht arabisch aussah und eben mitlief – nahmen es achselzuckend und gingen einfach weiter. Fühlten sich die jungen Leute aus Haifa unwohl? Ja, sicher. Fühlten sie sich bedroht? Nein.

Nicht lange, nachdem sie den Berg verlassen hatten, schrillte der Warnschrei der Frauen wieder los, und diesmal war es ernst. Siedler aus Hebron. Ihnen eilte der Ruf voraus, die härtesten der Harten zu sein. Ich ging ihnen entgegen und traf auf eine kleine Hochzeitsgesellschaft. Ich kannte sie schon, sie waren in der Schlange vor mir gegangen, und die Kontrolleure kannten sie wohl auch und trauten ihnen manches zu, jedenfalls wurden sie besonders scharf kontrolliert, darum erschienen sie erst jetzt hier oben. In der Schlange hatte ihnen eine Amerikanerin zugerufen, als es nicht voranging: «Wegen euch müssen wir warten!» Ein Bärtiger aus Hebron rief zurück: «Wir haben zweitausend Jahre gewartet!»

Derselbe erklärte mir nun, was sie vorhatten. «Der Junge dort heiratet heute, und sein Vater möchte in einem prophe-

tischen Akt die Hochzeit seines Sohnes dem Tempel weihen.»
Wieder ging ich ein Stück mit, die Gruppe wurde von einem
Mann angeführt, der Gebete sprach, aber seine Augen richtete er auf den Boden, als suche und sehe er da etwas, was ich nicht sah. Er achtete genau auf den Weg, den er nahm, und die Gruppe folgte ihm dicht und in kleinen Schritten.

Nicht unbefangen, lief man übers Gelände und schaute sich um, wie vorhin die jungen Leute aus Haifa – man bewegte sich rituell auf etwas Unsichtbares zu und um das unsichtbare Heiligtum herum. Unter diesen Leuten kursierten Pläne des Tempels, der seit 1944 Jahren nicht mehr hier stand. Aber das waren Mutmaßungen, niemand kannte die Lage des Tempels wirklich; Grabungen waren nicht erlaubt, und oberirdische Spuren existierten nicht, die Römer hatten ganze Arbeit geleistet. Die Hebroner focht das nicht an.

Mit seinem Dutzend Getreuer, die Braut darunter, erfüllte sich der Bräutigamvater, dem anschwellenden arabischen Geheul trotzend, seinen Tempeltraum – die Hochzeit des Sohnes als Weihopfer. Ich konnte mir nicht helfen, ein Aroma von «Akedah» lag in der Luft. Der Sohn ging jetzt neben mir, und die Erregung, hier oben zu sein, zum Tempel zu gehen, zum Tempel der Väter, sie war ihm anzumerken. Vielleicht war er ganz froh, in diesem Moment einen Fremden neben sich zu haben, dem er sagen konnte, was ihn bewegte, denn seine Familie und seine Freunde redeten jetzt nicht untereinander, sie waren ganz in ihren Ritus vertieft. Kurze, atemlose Sätze warf er mir zu, wie sie hervorgestoßen werden, wenn es ernst wird.

«Es ist der Ort des Tempels. Wir fühlen Freude im Herzen, die Freude, hier zu sein. Und wir fühlen den Schmerz, daß der Tempel nicht hier ist. Wir müssen ihn aufbauen. Ja, wir müssen ihn aufbauen.»

«Und der Felsendom da, die Moschee, die Araber – was wird mit ihnen?»

Einer, der vor uns ging, ein junger Mann wie der Bräutigam, hatte das Gespräch gehört und drehte sich zu mir um. «Die fühlen den Schmerz auch.»

Meinte er das ernst oder zynisch, drohend? Er meinte es ernst. Er hatte es gesagt wie einer, der sich einer Sache vollkommen sicher ist. Er dachte so. Sie fühlen unseren Schmerz auch, so groß ist er, so tief, es ist gar nicht möglich, daß sie ihn nicht fühlen.

Jetzt warf sich ein anderer aus der Hochzeitsgesellschaft der Länge nach betend zu Boden, in Richtung des verschwundenen Tempels. Er wurde von den Uniformierten, die die Gruppe begleiteten, bewachten und schützten, seit sie den Tempelberg betreten hatten, ergriffen und hinausgeführt. Nun zogen sich auch die anderen Hebroner zurück, durch eines der Moslemtore, das mitten ins arabische Viertel führte. Dort, im Souk, feierten sie singend und tanzend ihren Sieg.

Einige Araber waren uns gefolgt, ihre bleichen Gesichter und hastig gerauchten Zigaretten verrieten Zorn und Nervosität. «Glauben Sie denen kein Wort, es ist nicht ihr Tempelberg. Es ist unser Heiligtum – Haram asch-Scharif.» Es waren Leute der Waqf, der islamischen Stiftung, die den Berg verwaltete, ihr Chef in seinem glänzenden Anzug sprach abwechselnd in sein Funkgerät und zu mir. «Gut, daß Sie einmal gesehen haben, was hier los ist. Solche Provokationen gibt es Tag für Tag. Die dürfen hier nicht beten, es ist verboten, sie tun es trotzdem. Sie wollen uns den Haram asch-

Scharif wegnehmen. *We have big problems, Sir, we have big problems!*»

Ich ging durchs Tor und durch den Souk zur Klagemauer, dort sah ich die Sache buchstäblich von der anderen Seite. Hier standen die Juden am Fundament ihres verschwundenen Tempels und beteten und beklagten ihren Verlust. Wie lange war es zu ertragen, immer nur zu klagen? Tausend Jahre, zweitausend Jahre, dreitausend? Keimte aus der Klage, aus der Bitte «Nächstes Jahr in Jerusalem!» nicht der Wunsch, das Verlorene wiederzugewinnen? Hätte die jüdische Sehnsucht nach Jerusalem nicht irgendwann übermächtig werden müssen? Warum hatte General Mosche Dajan, nachdem er 1967 die Altstadt samt Klagemauer und jüdischem Viertel erobert hatte, nicht den letzten Schritt getan und auch den Tempelberg eingenommen? Der jüdische General hielt es mit dem Tempelberg und dem moslemischen Felsendom darauf wie eintausenddreihundert Jahre vor ihm der moslemische Kalif Omar mit der christlichen Grabeskirche und der Anastasis darin, dem leeren Grab Christi. Vom damaligen Patriarchen aufgefordert, in der Grabeskirche zu beten, weigerte sich der Eroberer Omar Ibn Al-Khattab und betete draußen. Bete er drinnen, erklärte er dem Patriarchen, dann sei kein Halten mehr, dann würden seine Moslems die Grabeskirche stürmen, und es sei ein für allemal aus mit der Urbasilika der Christenheit.

Kein moslemischer Mufti forderte Mosche Dajan 1967 auf, doch bitte im Felsendom zu beten, natürlich nicht. Aber es war wohl eine ähnliche Haltung, die den General davon Abstand nehmen ließ, seinen Sieg auf die Spitze des Tempelberges zu treiben, wie sie einst den Kalifen davon abgehalten hatte, den Christen, die von nun an seine Untertanen sein würden, ihr Herz herauszureißen und das heilige Grab zu entweihen – ein seltener Großmut des Siegers im Moment seines Sieges. Leuten wie denen, deren Auftritt ich heute erlebt hatte, war Dajans Großmut ein Ärgernis. Sie fanden, es sei Zeit, die Sache in die Hand zu nehmen.

Andere, frömmere, hielten sich beim Datum des Tempelbaus zurück, das sei Sache des Messias, aber sie möblierten den Tempel schon. Gegenüber dem Tempelberg stand weithin sichtbar ein Bau, ein golemartiger Koloß, von dem man nicht sicher sein konnte, ob er sich nicht eines Tages in Bewegung setzen und auf den Tempelberg lostapfen würde – der Sitz des *Tempel Institute*. Der Wiederaufbau des Tempels wurde ganz praktisch angegangen, das *Institute* hatte schon vieles fertig. Wenn es soweit wäre, könnten all diese hochheiligen, goldenen, edelsteinbesetzten Gegenstände, reproduziert nach den Angaben des Moses und archäologischen Erkenntnissen, einfach zum Tempelberg hinübergetragen werden, es war ja wirklich nicht weit.

All das stellte man aus und zeigte es den Besuchern. Ja, man zeigte jedem, der ein Eintrittsbillet löste, das Allerheiligste, auch mir. Im wirklichen Tempel vor zweitausend Jahren hatte nur der Hohepriester das Allerheiligste betreten dürfen. Hier wurde es von den Besuchern ausgiebig beguckt, angefaßt und fotografiert – die Bundeslade wurde fotografiert, die priesterlichen Ritualgeräte, die dereinst ihren heiligen Dienst tun sollten, der Vorhang vor dem Allerheiligsten, von dem Matthäus, Lukas und Markus einhellig berichten, er sei entzweigerissen, von oben nach unten, am Tag von Golgatha.

Was empfand ich? Ungefähr das gleiche, das ich vor

Tagen empfunden hatte, als ich aus der Grabeskirche kam und auf ein kicherndes, vor ihrer sie fotografierenden Freundin posierendes Mädchen stieß – sie trug die Dornenkrone. Man konnte dort Dornenkronen kaufen für ein paar Schekel. Blasphemie! Der Gedanke wieder: All diese Bilder, dieses beständige Bildermachen, wo kamen all diese Bilder hin, es mußte eine Bilderhölle geben.

Am nächsten Tag huschten Nachrichten durch den Basar von Aufruhr und Steinwürfen, von Tränengasgranaten und Verletzten auf dem Tempelberg. Keine scharfe Munition war zum Einsatz gekommen, diesmal nicht. Aber der große Zünder dort oben funktionierte, das war wieder einmal bewiesen. Er war scharf gestellt, immer.

Ich hätte es nicht für möglich gehalten, das Innerste des Zünders, den Felsen, um den sich aller Streit drehte, im Leben noch einmal zu sehen. Vor langer Zeit einmal hatte ich ihn gesehen, damals war der Felsendom noch jedermann zugänglich gewesen. Er war es nicht mehr. Seit dem Jahre 2000 schon, seit Ariel Scharons Gang auf den Tempelberg und den anschließenden schweren Unruhen, der zweiten Intifada, war es Nichtmoslems verboten, den Felsendom zu betreten, die älteste Moschee der Welt. Der Anblick ihrer goldenen Kuppel über der steinernen Stadt – damit hatte sich unsereins zu begnügen.

Eines Tages, als ich Paulus in der Terra Santa besuchte, erwähnte er beiläufig, eine Delegation seiner Franziskaner sei von der moslemischen Waqf-Stiftung zum Besuch auf dem Tempelberg eingeladen. «Und stell dir vor, sie lassen uns in den Felsendom. Wir treffen uns morgen früh um acht. Ich könnte dich vielleicht mitnehmen, wie sieht's aus?»

Ich ließ mich nicht zweimal bitten. Am anderen Tag stand ich früh um acht am Eisentor, es war ein kalter, nebliger Morgen, und nach den erforderlichen Höflichkeitsbesuchen samt Kaffee in winzigen Täßchen bei Würdenträgern der Waqf bot sich den moslemischen Gläubigen auf dem Tempelberg ein ungewohntes Bild – ein großer Schwarm brauner Kutten auf dem Weg zum Felsendom, Franziskaner aus Italien, Korea, Ghana, Amerika, Deutschland, angeführt aber von einem, der so aussah wie sie und so sicher und kehlig arabisch plauderte wie sie selbst, denn dieser Bruder war einer von hier, er war hier geboren.

Barfuß, wie es sich für eine Moschee gehört, betraten wir den mit Teppichen ausgelegten achteckigen Bau, der drinnen als Rundbau erscheint. Hier und da saßen kleine Gruppen im Gebet. Paulus, bewandert in der Archäologie Jerusalems, wies mich auf die Koransuren ringsum in der Höhe hin.

«Die meisten dieser arabischen Inschriften sind jünger als der Felsendom», sagte er, «aber diese da oben sind alt. Sie stammen aus der Bauzeit des Felsendoms, der Zeit des Kalifen al-Malik, und das Erstaunliche ist, sie setzen sich mit der christlichen Lehre über die Doppelnatur Jesu als Gottessohn und Mensch auseinander. Sie lehnen diese Lehre ab, wollen in Jesus nur einen Propheten sehen und warnen die Christen ihrer Zeit, also des 7. Jahrhunderts, davor, an der Idee festzuhalten, Jesus sei Gottes Sohn.»

«Aber war das nicht eine Häresie innerhalb der frühen christlichen Kirche?»

«Das ist ja das Rätselhafte an der Inschrift. Christus, ganz Mensch und ganz Gott zugleich, das war die Auffassung der frühen Kirche. Das Konzil von Nicäa hat sie 325 bestätigt und dann noch einmal 451 das Konzil von Chalkedon. Aber sie setzte sich eben nicht überall durch. Genau das, was da oben geschrieben steht, vertraten damals abtrünnige syrische Christen – Jesus ist ein Prophet wie andere Propheten vor ihm, nicht mehr.»

«Was soll das heißen? Willst du sagen, nicht ein Moslem hat den Felsendom gebaut, sondern häretische syrische Christen?»

Paulus hatte die Statur eines Mannes, der nicht fürs Büro gemacht ist, in dem er Tag für Tag saß und sich um die Finanzen der Terra Santa kümmerte, eher hätte man ihn für einen Bauern oder einen ländlichen Gastwirt gehalten, und so lachte er jetzt, verschmitzt, und stemmte beide Fäuste in die Seiten, während er antwortete.

«Ich sage gar nichts. Aber ein ernstzunehmender Wissenschaftler sagt es. Er hat die Inschrift noch einmal neu übersetzt und kommt zu dem Ergebnis, es handele sich in der Tat um die Kritik syrischer Christen an der byzantinischen Reichskirche.»

«Aber Paulus, wir wissen doch, wer den Felsendom gebaut hat. Es war der Kalif al-Malik.»

«Ja schon. Aber wer war al-Malik – ein Moslem oder der Führer syrischer Häretiker?»

«Mein Gott, Paulus, als ob es hier oben nicht schon brenzlig genug wäre.»

Er grinste mich an. «Darum schreibt dieser Wissenschaftler ja auch unter Pseudonym.»

Wir konnten die Spekulation nicht weiterverfolgen, denn nun ging es die Treppe hinab zum Felsen, zum Stein, auf dem Abraham seinen Sohn Isaak band, um ihn zu opfern. Zum

Verschlußstein der Sintflut. Zum Allerheiligsten der jüdischen Tempelzeit. Es ist eher eine Grotte als ein einzelner Fels, ich fand sie so vor, wie sie bei meinem ersten Besuch gewesen war – warm und still und mit Teppichen ausgelegt.

Wir waren allein. Verlockend wäre es gewesen, die Teppiche aufzudecken und den Fels zu untersuchen, seine kleinen Höhlungen und Kanäle, von denen Archäologen meinen, sie hätten zur Zeit des jüdischen Tempels dazu gedient, das Blut der Opfertiere, die Weinspenden und das Reinigungswasser abfließen zu lassen. Paulus war Feuer und Flamme, er fotografierte ohne Unterlaß.

Aber warum sollte es uns bessergehen als allen anderen. Keinerlei Grabung war hier erlaubt, auf dem ganzen Tempelberg nicht, und auch uns bat man nach wenigen Minuten wieder hinauf. Wir durchquerten abermals den Rundbau, zogen draußen unsere Schuhe an, und bald stand ich wieder im Gedränge der Al Wad, in dem sich der Fremde so schwer vorzustellen vermag, wo er hier eigentlich ist und was für ein Ort wenige Schritte hinter den Mauern verborgen liegt.

BEIM RABBI

Es war nun Zeit, einen zu suchen, der nicht dieses fanatische Flackern in den Augen hatte, der nicht mit Zündern hantierte, der nicht schrie und nicht nervös eine nach der andern rauchte. Ich erinnerte mich, daß Ada einmal von ihrem Rabbiner gesprochen hatte, den sie sehr schätzte. Einen klugen

Mann hatte sie ihn genannt, einen Orthodoxen und renommierten Professor, der sich nicht darin ergehen werde, mir Formeln zu wiederholen – und was mich am meisten beeindruckt hatte, er sei Vater von zehn Kindern und habe überdies ein weiteres Kind angenommen, zu dem er bedingungslos halte, obwohl es ihm gewaltige Probleme bereite und wegen Drogen im Gefängnis sitze. Ich rief ihn an, er hatte eine Stunde Zeit und ich eine Frage.

Bevor ich nach Jerusalem kam, hatte ich die Sache mit dem Tempel nicht ernstgenommen – ihn wiederzuerrichten schien die fixe Idee einiger Sonderlinge zu sein. Bei einem anderen Besuch auf dem Tempelberg war ich jedoch Zeuge geworden, wie ein bekannter Politiker sich vor dem Felsendom filmen ließ und erklärte, hier oben müsse sich einiges ändern. Ein mulmiges Gefühl gewann Raum in mir – die Ahnung, all die Kämpfe, die schon geführten und die, die noch kommen würden, könnten nur Vorgeplänkel gewesen sein, die große Schlacht stehe erst bevor: die um den Tempelberg. Wenn es einen Ort aller Orte gab, ein Ziel aller Ziele für einen heiligen Krieg, dann diesen.

Doch das war nicht der Kern meiner Frage, das war Politik. Meine Frage lautete: Brauchen die Juden überhaupt noch den Tempel? Oder andersherum, wenn er denn neu gebaut würde – wie jüdisch wäre er? Gab es nicht ein Judentum der Tempelzeit und eines der Jahrtausende danach, ein Judentum der Synagoge, der Lehre, des Buches? Der wirkliche Tempel war ein Ort wirklicher Opfer gewesen. Wollte das jemand ernsthaft wiederhaben? Zu Salomons und Herodes' Zeiten waren die Juden an den hohen Festtagen nach Jerusalem gewandert, um im Tempel zu opfern. Konnte sich jemand vorstellen, all die Millionen, die heute aus aller Welt kamen, kauften Lämmer, um auf dem Tempelberg zu tun, was ihre Ahnen bis in die Römerzeit getan hatten? Mit einem Wort: War das Judentum von heute nicht zweitausend Jahre vom Tempel entfernt?

Der Rabbi empfing mich freundlich, er erwartete mich auf der Treppe seines Hauses, feingliedrig, graues Haar, Kippa, sein Vollbart machte ihn vielleicht etwas älter, als er war – eine Gestalt, die dem Idealbild eines jüdischen Gelehrten ziemlich nahekam. War es Zufall, daß er mir nicht die Hand gab, oder hatte es etwas zu bedeuten? Und bot er mir nichts zu trinken an, weil er zerstreut war oder in Eile? Jeder, absolut jeder in Jerusalem, den ich besuchte, stellte mir Kaffee oder Wasser hin und Gebäck, und es wäre grob unhöflich gewesen, nicht davon zu trinken und wenigstens einen Keks zu nehmen. Störte ich ihn bei einer Arbeit, und er war zu höflich gewesen, mir abzusagen, oder steckte mehr dahinter?

Er trug einen deutschen Nachnamen, und als ich Bücher in vielen Sprachen bei ihm stehen sah, deutsche theologische Fachliteratur darunter, fragte ich ihn, welche Sprachen er lese.

«Ich lese die meisten europäischen Sprachen und einige andere.»

«Auch deutsch?»

«Ich spreche auch deutsch, aber ich wünsche es nicht.»

Ich hatte richtig vermutet. Es war Distanz, nicht professorale Zerstreutheit. Es steckte eine deutsche Geschichte dahinter, und keine gute, soviel war klar. Ich drang nicht weiter in ihn, und er gab mir Zeit, mit meiner Befangenheit zurechtzukommen.

Er führte mich eine Treppe hinauf in eine höhere Etage und dann eine weitere, noch steilere Treppe hoch durch seine Bibliothek und schließlich ganz nach oben in sein Studierzimmer; dort forderte er mich auf, über eine kleine Leiter aus dem Fenster zu steigen, er stieg voraus, und ich folgte ihm hinaus auf den schmalen Rand, der um die höchste Kuppel des Hauses herumführte. Der Ausblick war überwältigend. Er war es immer, ich kannte inzwischen einige Jerusalemer Dächer, aber noch nie war ich so hoch gestiegen. Noch nie hatte Jerusalem so vor mir gelegen, zum Greifen nahe, in einem so klaren Licht. Dieser Blick war groß.

Einmal hatte ich von ferne gesehen, was ich hier sah, am Tag meiner Ankunft war das gewesen, als das Sammeltaxi auf der westlichen Anhöhe hielt, im Schwefellicht. Jetzt war es, als habe es diesen apokalyptischen Moment nie gegeben, jetzt lag Jerusalem, lagen die Berge von Judäa, lag das Land Moab hinter dem Jordan im strahlenden Tag. Jetzt, von der Warte des Rabbis aus, war Jerusalem schön, von derselben steinernen Schönheit wie das ganze sichtbare Heilige Land. Als ich mich sattgesehen hatte, kletterten wir wieder über die Leiter hinein, ich stellte ihm meine Tempelfrage, und er zog mir mein Vorwissen unter den Füßen weg, den sicher geglaubten Teppich zweitausendjähriger jüdischer Tempellosigkeit.

«Was Sie da beschreiben, ist eine Idee des deutschen Reformjudentums im 19. Jahrhundert, das strahlte dann nach Amerika aus. Die Idee des Tempels und der messianischen Zeit wurde fallengelassen, alles wurde damals fallengelassen, was der Nähe zu den anderen Monotheismen im Wege stand.»

Eine Aufweichung also, eine Anpassung ans Christentum, so sah er das, eine Idee des späten jüdischen Exils. Ich erinnerte mich an die Begegnung vor der Jeschiwa – an den jungen Mann, der mir begeistert erklärt hatte, die Existenz Israels sei ein Wunder.

Was der Rabbi nun sagte, klang wie sein Echo. «Im jüdischen ‹Mainstream› sieht man die Gründung Israels als ein Wunder an. Es war ja sehr lange ganz irreal, daß es jemals ein Israel geben könnte, aber nun ist es da, das Wunder ist geschehen, und man versteht es als Eintritt in eine Zeit der Erlösung.» Was er da skizzierte, war ein Judentum nach dem Exil, er nannte es moderne Orthodoxie.

«Heißt das, es ist Zeit für eine Renaissance des Tempels?»

«Was den Tempel angeht, waren Juden über viele Jahrhunderte passiv. Wir warten, was kommt. Und dann kam Israel – und es kam gleich nach dem Holocaust, nur drei Jahre danach! Man sieht auf einmal, daß eine Aktivität von unten, irdische Aktivität, gut ist, und daß sie eine göttliche Antwort findet. Man hat nicht länger passiv gewartet, man hat um diesen Staat gekämpft, und er wurde uns gegeben. Wenn wir das sehen, warum sollten wir hier stehenbleiben? Laßt uns die Infrastruktur schaffen, Gott tut schon das seine dazu. So etwa ist die jüdische Haltung jetzt, sie ist die Antwort auf die jüdische Passivität in den Jahrhunderten zuvor.»

Dann überraschte er mich mit dem Bekenntnis, er persönlich gehe aber nicht auf den Tempelberg. Ich dachte an das Schild des Oberrabbiners, das den Juden verbot, den Berg zu betreten, ich hatte darüber nachgedacht und hielt es für ein politisch motiviertes Verbot, um Kämpfe und Blutvergießen auf dem Tempelberg vorzubeugen. Wieder widersprach der Rabbi. «Nein, es geht nicht um Politik. Es geht um das Problem der Unreinheit – es besteht nun einmal. Der Hohepriester der Tempelzeit mußte ein sehr komplexes Ritual der Reinigung durchlaufen, bevor er das Allerheiligste betreten durfte.»

Reinheit und Unreinheit. Die Sorge darum spielte eine große Rolle im jüdischen Gesetz und auch für ihn. Er holte weit aus, und je länger er sprach, desto klarer wurde mir, wer er war – ein gesetzestreuer Jude, der seine Intelligenz nicht dazu benutzte, das Gesetz der Väter für seine Bedürfnisse zurechtzukneten. Ganz im Gegenteil, er grub sich förmlich in das Gesetz hinein, legte es aus und versuchte, danach zu leben.

«Es gibt Stufen der Reinheit», fuhr er fort. «Für manches reicht eine Dusche. Für anderes braucht es die rituelle Reinigung in einer Mikwa. Es geht nicht um körperliche Reinheit, sondern um seelische. Aber es hat eine körperliche Dimension. Jeder Mensch spürt das, uns ist die Berührung mit gewissen Kriechtieren oder mit Aas unangenehm, wir scheuen davor zurück.» Das war die Vorrede gewesen, jetzt kam das Bekenntnis. «Schließlich gibt es sehr starke Verunreinigungen, wie den Kontakt mit Toten. Ich habe meine beiden Eltern auf dem Sterbebett begleitet.» Und wie es Stufen der Unreinheit gebe, so gebe es Stufen der Reinigung. «Diese Verunreinigung, von der ich nun spreche, ist nur auf eine Art zu reinigen – mit Wasser, in das die Asche einer makellos roten Kuh gemengt ist, und eine solche Kuh haben wir zurzeit nicht.»

Die makellos rote Kuh, die aus dem Buch Mose! 4. Mose, 19 beschreibt das besondere Ritual genau, das Gott über Moses den Israeliten auferlegte, um die Unreinheit, die durch Kontakt mit Toten entsteht, abzuwaschen. Das Sühnopfer, das dafür nötige makellose Opfertier, das aus seiner Asche gewonnene Reinigungswasser: «Und der HERR redete mit Mose und Aaron und sprach: Dies ist die Ordnung des Gesetzes, das der HERR geboten hat: Sage den Israeliten, daß sie zu dir führen eine rötliche Kuh ohne Fehler, an der kein Gebrechen ist und auf die noch nie ein Joch gekommen ist.»

In aller Welt suche man nach einem solchen Exemplar, sagte er, vor Jahren habe man einmal eines gefunden, eine rote Kuh ohne auch nur ein einziges andersfarbenes Härchen. Sie war in einem komplizierten Ritual zu schlachten, mit Haut und Haar, samt den Innereien und sogar ihrem Kot zu verbrennen. Die Asche der roten Kuh wurde in Wasser gestreut, so gewannen die Priester der Tempelzeit das Reinigungswasser, mit dem sie einen Mann entsühnten, der Tote berührt hatte.

Der Rabbi hatte seine sterbenden Eltern berührt, und seine Tragik war, diese Unreinheit blieb an ihm kleben, denn es gab die vom Gesetz verlangte Kuh nicht. Es gab keine Tempelpriester, die das Ritual hätten ausführen können. Es gab den Tempel nicht. Darum konnte das Sühnopfer nicht stattfinden, darum konnte das Reinigungswasser nicht hergestellt werden, darum konnte der Mann, der mir gegenübersaß, seine Unreinheit nicht abwaschen – darum und nur darum konnte der Rabbi nicht auf den Tempelberg gehen.

Was für ein himmelweiter Unterschied zu den Siedlern aus Hebron. Hier verbot sich ein tiefgläubiger Jude den Gang zum Tempelberg, weil er den Tempel und sein Gesetz ernst nahm, es auf sich nahm, auch wenn er schwer daran trug. Dort latschten ein paar Siedler einfach mal am Allerheiligsten herum, um das Video davon auf der Hochzeitsparty uraufzuführen und hinaus in die Welt zu posten, denn natürlich hatten sie sich dabei ausgiebig gefilmt.

Das Gesetz, das Gesetz. Jesus hatte immer wieder dagegen verstoßen und gegen eine Verpuppung im Gesetz gepredigt. Der Mann, dem ich lauschte, umkreiste seit einer Stunde das Gesetz. Er tat das sehr subtil, er breitete einen Gesetzeskommentar vor mir aus, der zur *conclusio* gelangte: Tu es nicht. Versündige dich nicht. Geh nicht hoch. Aber ich ahnte, welches Maß an Verzicht es ihm abfordern mußte, sich den Impuls zu verbieten, zum Allerheiligsten der Väter zu gehen, dem Magnetismus des Tempels zu widerstehen, aus soundso vielen Gründen und Vorschriften des Gesetzes. Er war ein Rabbi, und er war Professor. Er verfügte über die intellektuelle Distanz, sich den Glauben von außen anzuschauen, aber sie war ihm ein Werkzeug, nicht die Substanz.

«Es ist paradox», sinnierte der Professor, «ohne dieses Reinigungsritual darf der Tempel nicht betreten werden, geschweige denn gebaut. Und zugleich bedingt der fehlende Tempel das Fehlen solcher Reinigungsrituale.» Weil diese im Tempel vollzogen würden, von dessen Priestern, und nicht in irgendeiner Hebroner Küche.

Dann sprach der Rabbi über den Messias. «Wir wissen nicht, wann er kommt – und nicht, wie. Kommt er als goldene Gestalt mit Flügeln, oder kommt er als eine Art Gandhi? Nie zuvor hatte die Welt solche Kommunikationsmittel wie heute, denken Sie nur an Facebook – der Messias könnte in einer Sekunde weltweit erscheinen.»

«Und Jerusalem, das uralte Gottesgehäus, was bleibt von ihm im Zeitalter des Web-Messias?»

«Spirituell wichtig sind Gottes Heiligtümer. Im Unterschied zu menschengemachten Gotteshäusern, die wechseln ja sogar manchmal die Religion. Aus Kirchen wurden Moscheen, denken Sie an die Hagia Sophia in Istanbul, das gab es immer wieder in der Geschichte. Heiligkeit ist unverrückbar, sie ist an Orte gebunden. Es gibt eine Hierarchie der Heiligkeit. Israel ist das heiligste Land der Erde, und der Tempelberg ist der höchste aller heiligen Orte hier.»

Wieder verblüffte er mich. Das klang exklusiv, das klang, eins zu eins in Politik übersetzt, nach Krieg. Nur einer kann dort oben beten – wer wohl?

Er schüttelte den Kopf, das waren nicht seine Gedanken. «Natürlich können Moslems und Juden auf dem Tempelberg beten, beide. Ich kann als Jude jederzeit in einer Moschee beten, wenn ich die Regeln achte und die Moslems nicht störe. Das gilt umgekehrt genauso für Moslems in einer Synagoge, theologisch ist das kein Problem. Und dort oben ist ja viel Platz, und die Gebetszeiten sind auch verschieden.»

Er ging noch einen Schritt weiter. «Einen internationalen Status der Jerusalemer Altstadt? Könnte ich mir vorstellen.» Doch das sei Politik. «Eigentümer des Tempelbergs ist der Staat Israel, Besitzer ist die Waqf, die moslemische Stiftung. Er ist ein Faustpfand bei künftigen Friedensverhandlungen, das gibt kein Politiker aus der Hand.»

Jetzt wurde es profan, es war Zeit zu gehen. Er hatte mich mitgenommen auf einen Flug hoch hinaus in den jüdischen Kosmos, wir waren der roten Kuh aus dem Buch Mose begegnet und hatten die Möglichkeit erwogen, den Messias auf Facebook zu liken. Nun stiegen wir aus seiner Studierwarte die Treppen wieder hinab zur Erde.

Als wir an der Küche vorübergingen, winkte seine Frau

mir zu, und er faßte sich an den Kopf. «Was bin ich bloß für ein Gastgeber, ich habe Ihnen nicht mal ein Glas Wasser angeboten.» Das Glas Wasser also ging auf das Konto professoraler Zerstreutheit, das andere blieb zwischen uns stehen. Aber als er mich hinausbrachte und wir Abschied nahmen auf der Treppe zum Hof, gab er mir die Hand.

RICHARD WAGNERS BEITRAG ZUR JÜDISCHEN ORTHODOXIE

Eines Morgens weckte mich Glockengeläut, stärker und feierlicher als sonst. Ich ging zur Tür und trat in einen schon fast sommerlichen Sonntagmorgen hinaus. Falter taumelten durch die Luft, auch der Oleander blühte stärker als sonst, Agios Michail erwachte warm und sonntagssatt, und in mir erwachte die Lust auf eine lange nicht mehr ausgeübte Gewohnheit, den Sonntagsspaziergang. Rasch zog ich mich an und die Tür hinter mir zu, ging geradewegs die Via Dolorosa hinab zum Löwentor und hinaus. Jerusalem zu verlassen erzeugte eine leichte Spannung, das hatte ich seit meiner Ankunft vor vielen Wochen nicht mehr getan, von kleinen Ausflügen zur Mamilla Mall oder zum Musrara-Markt abgesehen, aber das zählte nicht.

Links und rechts neben dem Tor erstrecken sich moslemische Friedhöfe, den Hang gegenüber bedecken teils uralte jüdische Gräber, die Falte dazwischen ist das Kidrontal. Auf meinem Weg hindurch kam ich an weiteren, noch älteren

Grabmalen vorüber, solchen aus hellenistischer Zeit. Auch vor den Toren Jerusalems konnte ich kaum einen Schritt tun, ohne biblisch bezeugten Boden zu betreten. Marias Grab. Der Garten Gethsemane, in dem ihr Sohn seine letzte Nacht zugebracht hatte.

Der Tag wurde heiß, ich war froh, als ich das arabische Dorf Silwan erreichte, wo ich Wasser kaufen konnte. Dann stieg ich wieder hinauf in die Stadt, aber mein Sonntagsausflug war noch nicht zu Ende. Vor mir lag eine der seltsamsten Wanderungen meiner Zeit in Jerusalem. Sie führte immerzu um einen leeren, vollkommen nichtssagenden Platz in einem ebenso nichtssagenden Neubauviertel herum. Viel mehr äußere Details gibt die Erinnerung nicht her.

Ich war mit der neuen Straßenbahn hinaus nach Westjerusalem gefahren, um den Mann zu treffen, der neben mir um den leeren Platz ging. Wanderten wir zwanzig-, dreißigoder vierzigmal im Karree? Ich weiß es nicht. Um so lebhafter steht mir der fröhlich beleibte Mann im weißen Hemd und schwarzen Anzug vor Augen, der an meiner Seite lief. Aus seiner Jacke hingen die Zizit heraus, die Schaufäden seines Gebetsschals, den er wie viele hier unterm Hemd trug, um das fromme Kleidungsstück den ganzen Tag über an sich zu haben, nicht nur beim Gebet. Es war ein musischer Mann, ein Musikprofessor und Komponist. Einer, der diesen öden Platz einen Park und diesen Weg seinen Lieblingsspazierweg nannte und dem ich derart gebannt zuhörte, daß ich auch für einen weit schöneren Platz kein Auge gehabt hätte. Seine Familie war im 19. Jahrhundert aus Litauen gekommen, sein Urgroßvater hatte unter den Osmanen ein neues Viertel außerhalb der Stadtmauer gegründet, so wie Adas Vorfahr eines gegründet hatte. In seinem Fall war es Mea Shearim, die spätere Urzelle der Jerusalemer Ultraorthodoxen. Wer als Mann ohne Kopfbedeckung oder als Frau allzu weiblich gekleidet hineinging, mußte auf Angriffe gefaßt sein.

Die Geschichte, die er mir während unserer Runden erzählte, begann bei dem jungen Mann, der er gewesen war. «Ich bin in Jerusalem geboren und säkular aufgewachsen, in der durch und durch zionistischen Welt der sechziger Jahre. Und dann kommt dieser säkulare israelische Junge nach Bayreuth. Es gibt dort dieses Trompetensignal bei den Festspielen, kurz bevor die Vorstellung beginnt. Dann werden auch Fotos gemacht. Als ich am nächsten Tag durch Bayreuth ging, kam ich an einem Fotogeschäft vorüber, in dessen Schaufester sie ausgestellt waren, und im Augenwinkel sah ich auf einem der Fotos eine seltsam unpassende Figur. All die reichen Japaner, all die schönen blonden Amerikanerinnen, die ganze hochgestimmte Wagner-Gemeinde, erfüllt, selig, hier zu sein – und dazwischen einer mit Bart, die Fliege steht links und rechts raus, so ein Theodor-Herzl-Bart, und er allein steht nicht erfüllt und nicht selig da, er strebt weg, nur weg, irgendwohin, das war ich. Ich sah mich auf diesem Foto – und ich erkannte mich. Mir wurde blitzartig klar, du gehörst nicht dazu!»

Es blieb nicht bei dem einen epiphanischen Augenblick. Der junge Mann aus Jerusalem war nicht bloß einige Festspieltage lang in Bayreuth, er nahm an einem sommerlichen Workshop für junge Musiker teil, Zeit genug für weitere Selbsterkenntnismomente war da.

«Eines Tages verlasse ich das Haus, in dem wir probten, und rufe dem Pförtner zu: Morgen keine Probe, morgen Schabbes! Der Pförtner lacht laut auf. Ich bleibe ernst. Wann hatte er zuletzt so über das Wort Schabbes gelacht, über die, denen es heilig war? Ich sah ihn lachen, ertappt innehalten und sah den Abgrund, der zwischen uns lag.»

Dann sprach er, während wir die zehnte oder fünfzehnte Runde um den Platz liefen, über Richard Wagner, und ich spürte, obwohl er zu einem Ende, zu einer Haltung gekommen war – es arbeitete noch in ihm. Ich spürte es, weil er mir nicht eine abgeklärt formulierte These vortrug, er steckte die Hände bis zu den Ellbogen in die Wagner-Materie und wühlte nach frischen Worten. «In Wagner kulminierte etwas, das im deutschen Denken und Empfinden war, eine bestimmte Energie, das Heidnische, aber auch der Sieg des Christentums darüber, die deutsche Melange aus beidem, die nationale Unrast des 19. Jahrhunderts.»

Er habe, bevor er nach Bayreuth reiste, «Mein Kampf» gelesen. «Das Buch stand bei uns zu Hause, mein Vater war, als jüdischer Palästinenser, von den Amerikanern zur Armee eingezogen worden, er kam nach Europa, sah die Lager und besorgte sich das Buch, eine englische Ausgabe. Darin las ich: Der Jude sei zum Spirituellen nicht fähig. Aber was für eine Spiritualität ist hier gemeint? In Wagners Musik ist eine nie aufgelöste Spannung. Ein Weiter, immer weiter hinan. Siegfried kriegt seine Brunhilde nicht. Tristan seine Isolde nicht. Ein innerweltliches Streben, mehr, mehr! Der Imperialismus war so. Große Eroberer sind so. Das heutige Ideal ist so. Mehr, mehr, mit einem Mausklick immer mehr!»

Ich sagte etwas über die Lust an diesem Mehr als Teil der Menschennatur, über den listenreichen Weltenfahrer Odysseus, gebunden am Mast, über Kolumbus auf dem unbekannten westlichen Ozean, von dem seine Matrosen glaubten, wo er ende, stürze man ins All. «Sie wären nie hinausgefahren ohne dieses uns allen eingeborene Streben hinauszufahren.»

Er blieb stehen, sah mich an, ergriff die aus seinem Hemd heraushängenden Zizit wie der Kletterer das sichere Seil, hielt sich an den Fransen fest, lachend, und rief: «Ich habe das! Das ist wesentlich! Hier ist, was mich hält.» Lachte übers ganze bärtige Gesicht und gab ein solches Bild heiterer Zuversicht ab, wie ich es lange nicht gesehen hatte. Im Weitergehen nahm er seinen Gedanken wieder auf. «Der säkulare Jude ist ein widersprüchliches Wesen. Er nimmt aus der Thora das versprochene Land, alles andere läßt er weg, die Gebote, die Regeln.»

«Sie wollen sagen, Gott ist kein Immobilienmakler, sein Landversprechen nicht zu trennen vom Bund mit ihm?»

«So ungefähr. Wissen Sie, ich brauche den Zionismus nicht. Ich komme nicht von irgendwoher hierhin und muß es rechtfertigen. Ich bin hier, ich war hier, lange schon. Es gab immer diese Sehnsucht der Juden, die Einwanderung nach Palästina. Warum? Gibt es hier Goldminen oder sonst etwas Wertvolles im irdischen Sinn – was ist denn hier so magnetisch? Erst kamen wenige, dann im vorigen Jahrhundert immer mehr. Und nicht nur aus Europa, nicht nur wegen der Lager, auch aus Marokko, aus dem Irak, von überallher. Gehen Sie freitags zur Klagemauer, die Juden dort beten in ganz verschiedenen Melodien. Sephardisch, orientalisch, amerikanisch. Stellen Sie einen Juden aus Casablanca neben einen aus Lodz, ethnologisch haben sie nichts gemein. Essen, Kleidung, Sprache sind ganz verschieden. Aber sie lesen die gleiche Thora – das ist es, was sie ausmacht. Darum muß man ihnen das Orientalische, Russische oder Europäische auch nicht abdressieren.»

«Und wie ist es in der Musik? Komponieren Sie europäisch?»

«Die Musik, die ich spiele, komponiere, lehre, ist europäisch, es wäre kindisch, das ablegen zu wollen. Die Zionisten nach 1948 wollten keine Europäer mehr sein. Sie wollten alles abtun, woher sie auch kamen. Die zionistische Idee vom Juden hatte etwas Wagnerianisches. Den jüdischen Siegfried, ja, es gab ihn, es war der Armeeoffizier, der Bauer, der Muskeljude – so nannte man das damals, im Unterschied zum Juden des Buches, der sich nicht zu wehren wußte, mit dem keine Nation zu machen war, keine Farm, keine Armee, kein Staat. Bevor Theodor Herzl sein Buch ‹Altneuland› schrieb, seine zionistische Utopie, hatte er eine Aufführung des ‹Tannhäuser› gesehen. *Wagner was the trigger.* Es setzte etwas in Bewegung in ihm, etwas von der Wagner-Energie ging in den Zionismus ein, etwas von dieser Nationalidee aus dem Europa des 19. Jahrhunderts.»

Mir lag nicht daran, mit ihm über die Gegenwart zu sprechen, und doch machte ich irgendwann auf unserer Umwanderung den leisen Versuch, darauf zu kommen, was ich fast täglich erlebte und noch häufiger erzählt bekam, all die Kämpfe und mehr oder minder heimlichen Kriege in der Stadt. Gern wäre ich ihnen ausgewichen, hatte ihnen aber nur selten ausweichen können. Mein Begleiter erstickte den Versuch mit einem Satz. «Ich glaube nicht an Politik!» All die Friedenskonferenzen, Initiativen, diplomatischen Pendelreisen – «es kommt nie etwas dabei heraus. Geschichte geschieht, und sie geschieht oft anders, als wir es uns denken. Wer hätte gedacht, daß die Mauer fallen würde? Und ein ganzes Weltreich dazu? Und in gewisser Weise zerfällt ja gerade das andere Weltreich. Nein, ich glaube nicht an Politik», und wieder griff er nach den Fäden seines Sicherungsseils, wieder lachend, «ich glaube an ihn!»

Wir gingen unsere wer weiß wievielte Runde, und ich mußte zugeben, er schritt jetzt frischer aus als ich. Die Sonne brannte, wir gingen seit Stunden, er hatte mich müde gewandert. Wer war er? Einer, der heimkehrte, obgleich er nie fort war – der gläubige Sohn aus gut zionistischer Familie. Ein erstaunlicher Mann ging neben mir, er gefiel mir sehr, alles an ihm gefiel mir, ich konnte nicht anders, als es ihm zu sagen. Er lachte. Vielleicht mochte er mich auch ein wenig. Diese Sympathie änderte aber nichts daran, daß ganz verschiedene Wege uns hierhergeführt hatten und wir auf ganz verschiedenen Wegen von hier fortgehen würden, das wußten wir beide. Der Weg, den er ging und auf dem er mich ein Stück mitgenommen hatte, war der Weg Israels von seinen Anfängen bis jetzt. Ihn hatte er mir gezeigt, dafür war ich dankbar.

IV. ADIEU, JERUSALEM

LAUTER ABSCHIEDE

Meine Zeit in Jerusalem ging zur Neige. Die letzten Tage vor der Abreise verbrachte ich in der Verfassung eines Mannes, der ein letztes Mal durchs Haus geht, das er so bald nicht wiedersehen wird. Mir war, als ob Menschen und Dinge, so nahe ich ihnen gekommen sein mochte in manchen Momenten, wieder von mir forcrückten und sich verschlossen, als spürten sie, dieser dort geht – keiner von uns.

Noch einmal das Jaffator zur Zeit des Abendlichts, noch einmal den Stein berühren, der die Weichheit eines lebenden Körpers haben und leuchten konnte wie liebende Haut. Noch einmal die Treppengassen des jüdischen Viertels. Täuschte ich mich, oder wehten wieder Fetzen von Klavierläufen herüber, war es der Weltenwanderer in seiner Rumpelkammer oder nur ein Radio in einem offenen Fenster? Noch einmal die arabischen Gewölbe, in denen Männer die Nargileh rauchten, die Glut der Kohlehäufchen im Halbdunkel, die auflodernden Flammen der Gaskocher in den Höhlen der Kaffeesieder. Noch einmal der Blick vom k. u. k. Dach auf die goldene Kuppel, auf die graue Kuppel, noch einmal im Vorhof der Grabeskirche in der Sonne sitzen und zusehen, wie alle Welt zur Ungeheuerlichkeit des leeren Grabes drängt. Noch einmal Abu Salomon an seinem Tisch im Trubel des Muristan.

Zu meinem Erstaunen fand ich auch ihn in einer Art

Abschiedsstimmung. Nicht ein letztes Mal durch die Stadt ging er wie ich, wozu auch, er lebte in ihr seit bald hundert Jahren und würde hier sein bis zu seinem letzten Atemzug – es war ein innerer Abschied, der alte Mann ging ein letztes Mal die Optionen durch. Er musterte die dürre Reihe der Freunde seines Jerusalem, das schon jetzt mehr Erinnerung als Wirklichkeit war. «Die Amerikaner? Sind unser müde. Die Europäer waren immer schon schwach. Der König in Amman? Ist froh, daß ihm wenigstens dieser Thron blieb, sein sandiges kleines Land, nachdem seine Vorfahren aus Mekka, Damaskus, Bagdad verjagt worden waren. Der Präsident in Ramallah? Ist der Schwächste von allen. Nein, niemand wird etwas für uns tun, niemand von ihnen allen. Wir sind allein.»

Abu Salomon hielt inne, erschrocken über seine trübsinnigen Gedanken. Wie man aufdringliche Fliegen verscheucht, fuchtelte er sie fort. Er beugte sich vor und strahlte mich an. «Aber wir leben! Hamdulillah, wir leben! Wann fährst du heim?»

«Sehr bald.»

«Hast du eine Frau?»

«Ja.»

«Hast du Kinder?»

«Ja.»

«Gut, mein Freund, das ist gut. Du bist gesegnet, geh in Frieden.»

Abu Salomon hatte fünf Kinder gezeugt, zwei lebten in Kanada, eines in Amman, zwei in Jerusalem. Einmal hatte ich ihn gefragt, welche Zeit die beste seines Lebens gewesen sei, und er hatte geantwortet, ohne zu zögern: «Die jordanische.» Was mich sehr verwundert hatte – eine Jerusalemer

Nostalgie, die ich noch nicht kannte. Dr. John trauerte der britischen Mandatszeit nach. Andere träumten den Orienttraum. Wieder andere konnten sich in Erinnerungen an die Jerusalemer Boheme verlieren, und mancher entdeckte zu seinem eigenen Erstaunen, daß die in ihrer Zeit so verhaßte osmanische Herrschaft auch ihr Gutes gehabt habe. Abu Salomon jedoch trauerte der bescheidenen, aber ruhigen Zeit unter den Haschemitenkönigen nach.

Ich kannte viele hier, die noch immer einen jordanischen Reisepaß besaßen und sich weigerten, einen israelischen zu beantragen. Fragte ich sie, warum sie das taten und ob sie denn keinen israelischen Paß bekämen, dann schüttelten sie den Kopf – nein, so sei es nicht, es sei eine Frage der Haltung. Man tue das nicht, man kapituliere nicht. Aber auch die gegenteilige Ansicht hörte ich. Starke Kritiker der israelischen Herrschaft erklärten mir im Vertrauen, wenn es hart auf hart komme, zögen sie diese einer arabischen Herrschaft vor. Bürger zweiter Klasse sei man immer und überall, aber die arabischen Methoden seien nun einmal brutaler. Man sprach nicht viel darüber, aber jeder sah, was ringsum geschah, in Aleppo, in Kairo, in Bagdad.

Einmal noch wollte ich durch mein Viertel laufen, wie ich es so oft getan hatte, aber meines war es schon nicht mehr. Es war jetzt das Viertel, in dem ich einmal gelebt haben würde. Alles war wie immer, auch ohne mich, das zu sehen, machte den Abschied nicht leichter.

Monsieur Michel saß vor seinem Geschäft wie immer. Er lächelte, als er mich kommen sah, und sprach mich in der samtig levantinischen Art an, die ich so gut kannte, aber was er sagte, war düster. «Es wird Krieg geben. So viele hundert

Jahre hatten wir keine Religionskriege, seit den Kreuzrittern nicht, aber es wird wieder welche geben, denken Sie an meine Worte, Monsieur.»

Ich sagte ihm adieu, und als ich in die St. Francis Street bog, die Straße, an der mein Konvent lag, fand ich vor der Terra Santa Hunderte Kränze abgestellt. Drinnen in der Kirche endete gerade die Totenmesse, die Masse der Trauernden, die jetzt herausströmte, erstaunte mich, es mußten Tausende sein. Gab es denn noch so viele Katholiken in Jerusalem? Ich machte kehrt, ich wollte jetzt nicht allein in meinem Haus sein und ließ mir ein letztes Mal von Hamdi die Haare schneiden. Dabei erzählte er mir, wer da zu Grabe getragen wurde, ein im Viertel beliebter junger Mann und Familienvater, ein bedauerlicher Autounfall in Jericho.

Hamdi ließ es sich nicht nehmen, nach Härchen zu schauen, die gezupft gehörten, ohne diese orientalische Schönheitsprozedur wäre sein Haarschnitt unvollständig geblieben. Ich fügte mich, und er schnitt ein Stück Zwirn ab, zwirbelte es und vollführte, den Zwirbelzwirn mit beiden Händen haltend wie eine Waffe, kampftänzerische Bewegungen auf mich zu und zurück. Auf meine Augenbrauen ging er mit dem Zwirn los und auf andere Stellen, um jedes Härchen auszurupfen, das dort nicht hingehörte. Es tat weh, und es gehörte zum Spiel, daß ich mir das nicht anmerken ließ.

Als es ausgestanden war, lobte er meine Tapferkeit, und glatt wie ein Junge vor dem ersten Bartflaum verließ ich seinen Salon und ging die paar Schritte zur Terra Santa, um von Bruder Paulus Abschied zu nehmen und ihm einige Bücher zurückzugeben, die er mir geliehen hatte. Auch er sprach über den jungen Mann, um den so viele trauerten, sein früher Tod war das Tagesgespräch im Viertel. «Er kam aus einer angesehenen Familie», sagte Paulus, «darum gehen so viele zu seiner Beerdigung, über dreitausend. In solchen Momenten kommen noch einmal alle zusammen, bei einer großen Hochzeit, bei einer großen Leich.»

DER EFFENDI MÖCHTE MIR
NOCH ETWAS ZEIGEN

Wie hätte ich gehen können, ohne Charly Effendi noch einmal zu sehen. Ich hatte ein Geschenk für ihn und ahnte, er hatte eines für mich. Wir waren am üblichen Ort verabredet, am Jaffator. Warm war der Abend, Jungen boten Granatapfelsaft und arabischen Kaffee feil. Als die Dämmerung kam, kam auch mein armenischer Freund. Er grinste mich an wie bei der ersten Begegnung, leise kopfschüttelnd. «Und – hast du Jerusalem verstanden?» Es hatte keinen Sinn, darauf ernsthaft zu antworten. Wir witzelten ein bißchen herum, plötzlich wurde er ernst.

«Komm», sagte er und ergriff meinen Arm.

«Wo gehen wir hin?»

«Komm schon, ich habe etwas für dich, etwas wirklich Besonderes, ich zeige es dir heute abend, damit du begreifst.»

Wir gingen in südlicher Richtung an der großen Straße entlang, die dort verlief, wo bis 1967 die jordanische Grenze verlaufen war. Dann überquerten wir diese Linie, gingen durch einen Park und erreichten eine Gegend, in der prächtige alte Häuser standen. Inzwischen war es dunkel. Er ging voran durch die Straßen des Villenviertels, ging von Haus zu Haus, vor vielen blieb er stehen und nannte einen Namen. Armenische, griechische, arabische Namen, manche kannte ich, viele nicht.

«Das waren wir», sagte er, «das war das christliche Villenviertel von Jerusalem, in diesen Häusern lebten wir. Auch meiner Familie gehörte eine dieser Villen – die da. Wir waren viele, jetzt sind wir wenige, und diese wenigen sind alt. Als ich mein Studium abschloß, waren wir siebzig in unserem Jahrgang, fünf davon sind noch hier. Also, warum bin ich hier? Wegen der Religion? Nein, die ist überall. Wegen der Nation? Nein, ich bin kein Palästinenser, ich bin Armenier. Ich bin Weltbürger, ich muß nicht hier sein.» Und dann sagte er den Satz, den die Siedlerfrau von St. John zu mir gesagt hatte, wortwörtlich: «Ich bin hier, weil es Jerusalem ist.»

Er ging sonst nicht hierher, es wühlte ihn zu sehr auf. Durch seine verlorene Welt zu laufen wie irgendein Fremder ließ alles hervorquellen, was er sonst hinter Ironie und Wissen verbarg. «Die Araber», sagte er plötzlich, «die Araber haben Zeit. Sie sind viele Millionen, darum sind sie so ruhig. Es ist die Wüste, sie kommen aus der Wüste. Sie haben die Geduld der Wüste, sie wissen, daß sie viele sind. Wir haben keine Zeit, wir sind die Letzten. Wir spielen keine Rolle mehr, keine, die unserer Geschichte entspräche. Alles, was wir haben, ist ein gewisser Stolz auf das Heilige Grab. Ich habe mein Leben lang gelesen, geforscht und geschrieben, ich wollte uns wenigstens dokumentieren, uns nicht spurlos verschwinden sehen.»

«Du meinst, man soll später Tontafeln finden?»

Er lachte bitter. «Tontafeln!» Wieder griff er meinen Arm. «Tontafeln, weißt du, was du da sagst?» Er zog mich fort.

«Wohin, mein Freund?»

«Komm, komm, ich muß dir noch etwas zeigen, das beste von allem, besser als alle verlorenen Villen – ein Wunder.»

Nach einem Eilmarsch zurück zum Jaffator und weiter an der Stadtmauer entlang zum Neuen Tor und noch weiter bis zum Damaskustor bog er links zum Musrara-Markt ab, stürmte an den Lichtern der letzten Läden vorüber, die noch offen hatten, an der arabischen Kaffeehöhle, die längst geschlossen war, bis ans Ende des Marktes. Hier lag alles in tiefer Nacht. Er aber machte sich an der schweren Kette zu schaffen, die das Eisentor zu einem verlassenen Grundstück verschloß und die ich kaum sah, so finster war es im Eingang zu was auch immer. Er wuchtete an dem Schloß herum, das die Kette hielt, kriegte es endlich auf, schob das Tor beiseite und winkte mir, ihm zu folgen.

Dann befanden wir uns in einem stockdunklen Raum, der wie eine alte Garage roch. Er tastete an der Wand herum. «Licht, wir brauchen Licht, irgendwo muß der Schalter sein.» Er tastete weiter herum, ich leuchtete ihm mit dem Displaylicht des Mobiltelefons. «Ah, ich hab's!» Ein leises Klacken, Neonlicht flackerte auf. Wir waren in einer vollkommen leeren, saalartigen Halle, und jetzt sah ich es, wir standen auf einem riesigen spätantiken Mosaik, das den Boden ganz ausfüllte – wir standen im Paradies, denn nichts anderes zeigte das Bild. Ein Paradies mit Weinreben, Tauben, einem Singvogel im Käfig, mit Fasanen, Adlern, Tieren und Pflanzen aller Art. Wir standen in der Antike.

«Eintausendsechshundert», hörte ich ihn neben mir sagen und: «Armenisch.» Ein armenisches Mosaik, eintausendsechshundert Jahre alt, vollständig erhalten. «Wir haben es vor einiger Zeit entdeckt. Wie ein Teppich, siehst du? Ein Teppich aus Stein. Er bedeckt das Grab unserer frühesten Märtyrer hier, sie wurden vor über tausendsechshundert Jahren erschlagen. So lange sind wir in Jerusalem, begreifst du es jetzt? Ich zeige es dir, damit du dich erinnerst, wenn du in Berlin sitzt, Kaffee trinkst und schreibst. Ich gebe dir dieses Bild mit, damit du siehst, nicht nur ein Volk war hier, nicht nur ein Glaube.»

Er löschte das Licht, und während wir uns durch die Düsternis zurück zum Tor tasteten, sprach er weiter, nun war es, als käme seine Stimme von sehr weit her. «Wir waren euch nahe. Eure Könige und Ritter, als sie das Kreuz nahmen und ins Heilige Land zogen, waren überrascht, eine lateinische Messe zu hören mitten im Orient. Eure Könige von Jerusalem heirateten unsere Prinzessinnen, und unsere Könige gaben sie euch gern. Ihr wart froh, im Orient christliche Frauen zu finden, und wir waren froh, nun christliche Nachbarn zu haben. Wir hofften auf euren Schutz.»

Wir standen noch einen Moment lang da. Es gab nichts mehr zu sagen. Dann gaben wir uns die Hand, und jeder nahm seinen Weg.

RAUCH IN DEN KLEIDERN

Ich wollte besonders früh aufstehen an meinem letzten Morgen, aber Nikos war früher. Sein Anruf erwischte mich noch im Bett. Es war kurz nach sechs, und er war hellwach und voller Pläne, die keinen Aufschub duldeten.

«Kennst du Agios Feodoros? Auch ein Konvent, nicht weit von deinem, zwei Ecken weiter, nur ein paar Schritte – komm rüber, ich erwarte dich da, komm jetzt gleich!»

«Nikos, ich muß noch packen, ich muß duschen, ich bin nicht mal angezogen.»

«Egal. Es ist wichtig! Komm wenigstens kurz, ganz kurz, nur fünf Minuten, du willst mir doch nicht sagen, du hättest keine fünf Minuten für mich.»

Es ist zwecklos, früh um sechs mit einem wildentschlossenen, euphorischen Griechen zu diskutieren. Ich zog Hose und Hemd an und ging hin. Er erwartete mich in der Gasse, zog mich in den Konvent des heiligen Feodor, durch den Hof und auf die Kapelle zu. Gesang war aus ihr zu hören. Er stieß die Tür auf, der Gesang quoll heraus wie Wasser, er schob mich hinein. Die kleine Kirche stand voller singender, betender Menschen und voller Weihrauch, der Priester sparte nicht daran, immer neue Schwaden schwenkte er aus seinem Fäßchen hervor.

Nikos nahm zwei der dünnen, honiggelben Wachskerzen, wie sie jeder hier in den Händen hielt, zündete sie an und gab mir eine. Ich wollte an der Tür stehenbleiben, um den Gottesdienst nicht zu stören, aber mit Nikos war das nicht zu machen. Er schob mich durch die stehenden Gläubigen ganz nach vorn, wo der Priester zelebrierte. Es war mir unangenehm, ihm gar nicht. Er nickte jedem, an dem er mich vorüberschob, freundlich-geschäftig zu wie einer, der etwas Wichtiges vorhat und leider nicht viel Zeit, und so war es ja auch. Ich begriff immer noch nicht, was er da tat und warum ich kurz nach sechs in der Frühe durch betende Griechen und Weihrauch geschoben wurde. Nikos blieb nun stehen, sang ein paar Worte mit, nickte mir zu und dann zu einer bestimmten Ikone hin, dem Bild des Heiligen dieses Konvents.

«Das ist der heilige Feodor», sagte er, als er mich nach wenigen Minuten wieder aus der Kapelle hinausschob. «Heute ist sein Festtag, darum ist die Kirche so voll. Ich wollte, daß du kommst, daß du dabei bist, fünf Minuten wenigstens, darum bin ich so früh raus – damit du das mitnimmst. Für deinen Sohn, er heißt doch so.»

Ich konnte mir nicht helfen, ich mußte an seinen Sohn denken, der nicht leben durfte, und ich wußte, er dachte auch an ihn. «Er war schön.» Das hatte die Krankenschwester zu ihm gesagt, die sein totgeborenes Kind gesehen hatte. Ich zog ihn an mich und umarmte ihn. So war er. So war Jerusalem.

Später, als ich im Flugzeug saß, roch mein Sitznachbar an mir. Er tat es sehr diskret, und ich tat so, als schliefe ich, aber ich merkte es doch. Ich roch nach Weihrauch. Ich mußte lächeln in meinem falschen Schlaf.

DANK

Allen, die in diesem Buch erscheinen, und auch denen, die darin nicht selbst erscheinen, danke ich für die Türen und Herzen, die sie mir öffneten. Vor allem danke ich Jerusalem. Es mag seltsam sein, eine Stadt anzusprechen wie eine Person, aber nach einer gewissen Zeit des Zögerns und der Prüfung hatte ich das bestimmte Gefühl, Jerusalem habe sich entschieden, sich mir zu zeigen. Kehrte ich je von einer Reise so reich beschenkt heim wie von dieser?

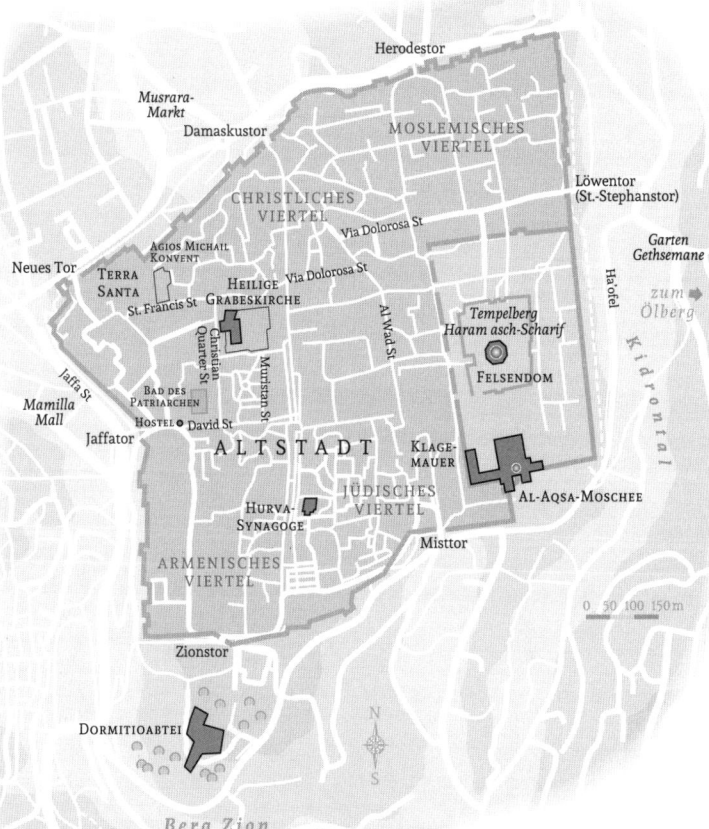

Das für dieses Buch verwendete Papier ist FSC®-zertifiziert.